essentials

essentials liefern aktuelles Wissen in konzentrierter Form. Die Essenz dessen, worauf es als „State-of-the-Art" in der gegenwärtigen Fachdiskussion oder in der Praxis ankommt. *essentials* informieren schnell, unkompliziert und verständlich

- als Einführung in ein aktuelles Thema aus Ihrem Fachgebiet
- als Einstieg in ein für Sie noch unbekanntes Themenfeld
- als Einblick, um zum Thema mitreden zu können

Die Bücher in elektronischer und gedruckter Form bringen das Fachwissen von Springerautorinnen kompakt zur Darstellung. Sie sind besonders für die Nutzung als eBook auf Tablet-PCs, eBook-Readern und Smartphones geeignet. *essentials* sind Wissensbausteine aus den Wirtschafts-, Sozial- und Geisteswissenschaften, aus Technik und Naturwissenschaften sowie aus Medizin, Psychologie und Gesundheitsberufen. Von renommierten Autorinnen aller Springer-Verlagsmarken.

Horst Gischer · Bernhard Herz ·
Lukas Menkhoff

Inflation in Deutschland und dem Euroraum – ein Überblick

Horst Gischer
Nordstrand, Deutschland

Bernhard Herz
Bayreuth, Deutschland

Lukas Menkhoff
Kleinmachnow, Deutschland

ISSN 2197-6708   ISSN 2197-6716   (electronic)
essentials
ISBN 978-3-658-40700-1   ISBN 978-3-658-40701-8   (eBook)
https://doi.org/10.1007/978-3-658-40701-8

Die Deutsche Nationalbibliothek verzeichnet diese Publikation in der Deutschen Nationalbibliografie; detaillierte bibliografische Daten sind im Internet über http://dnb.d-nb.de abrufbar.

Planung/Lektorat: Carina Reibold
Springer Gabler ist ein Imprint der eingetragenen Gesellschaft Springer Fachmedien Wiesbaden GmbH und ist ein Teil von Springer Nature.
Die Anschrift der Gesellschaft ist: Abraham-Lincoln-Str. 46, 65189 Wiesbaden, Germany

Was Sie in diesem *essential* finden können

- Aktuelle, umfassende Informationen zum Thema Inflation
- Einen Überblick zur gegenwärtigen Inflationsentwicklung in Deutschland
- Die Diskussion von verschiedenen Verfahren zur Messung von Inflation, wie z. B. den Verbraucherpreisindex
- Eine Darstellung der möglichen Ursachen von Inflation
- Einen Überblick zu den Instrumenten und Strategien, Inflation zu bekämpfen

Inhaltsverzeichnis

Einleitung

1

Die Inflation ist zurück auf der wirtschaftspolitischen Tagesordnung. In Befragungen geben die Deutschen die stark und anhaltend steigenden Preise für Güter und Dienstleistungen im Jahr 2022 als ihr größtes Problem an. Dies verdrängt Dauerbrenner wie Arbeitslosigkeit, Migration, Corona-Pandemie und sogar den aktuellen Krieg in Europa. Dabei schien die Inflation wie ausgestorben. Ja, die Sorge galt eher einer möglichen Deflation, also anhaltend sinkenden Preisen. Diese Befürchtung hat sich gründlich erledigt. Stattdessen geht die Sorge um, die Inflation, die so hoch ist wie seit Jahrzehnten nicht mehr, könnte sich als hartnäckig erweisen. Dann könnte die Volkswirtschaft in eine Situation wie in den 70er Jahren geraten, mit hoher Inflation und gleichzeitig sehr begrenztem Wachstum.

Aus wirtschaftspolitischer Sicht ist die aktuelle Lage unangenehm, weil sie die Politik auf dem falschen Fuß erwischt. Eigentlich hat man schon mit den langfristigen Herausforderungen Klimawandel, Alterung der Bevölkerung und abflauender Globalisierung zu kämpfen. Dann kam aktuell noch die Corona-Pandemie ab 2020 und der Krieg in Europa ab Februar 2022 hinzu. Zum einen war die Politik also bereits gut ausgelastet, zum anderen hatte sie sich in den letzten Jahren darauf eingerichtet, expansiv wirkende Entlastungspakete zu beschließen, um Härten der Anpassung zu dämpfen. In einer inflationären Situation jedoch, in der ein knappes Angebot die Preise treibt, ist es kontraproduktiv, Nachfrage durch staatliche Hilfspakete zu stimulieren. Zudem war neben der Finanzpolitik auch die Geldpolitik extrem expansiv ausgelegt. Die Wirtschaftspolitik muss also ihren Kurs ändern und gerät in massive Zielkonflikte.

Auch aus Verbrauchersicht ist Inflation ein extrem unerfreuliches Thema. Das geringste Problem ist vielleicht noch das ständige Bemühen, sich über die (relativen) aktuellen Preise zu informieren. Schwerwiegend ist demgegenüber der Kaufkraftverlust, vor allem für die unteren Einkommensgruppen, die

© Der/die Autor(en) 2023
H. Gischer et al., *Inflation in Deutschland und dem Euroraum – ein Überblick*, essentials,
https://doi.org/10.1007/978-3-658-40701-8_1

wenig Spielraum für Ausgabenumschichtungen haben. Doch auch für die mittleren und oberen Einkommensgruppen bedeutet Inflation, dass Ersparnisse in Kaufkraft gemessen schrumpfen, denn die Zinsen sind weitaus niedriger als die Inflationsrate.

Es ist also sowohl aus wirtschaftspolitischer Sicht als auch aus Sicht der Haushalte zentral, das Thema Inflation zu durchdringen, um es zum einen zu verstehen und zum anderen sich anpassen zu können. Dieses Essential stellt die notwendigen Informationen zum Thema Inflation bereit. Im folgenden Kap. 2 geben wir einen knappen Einblick in die aktuelle Situation. Kap. 3 stellt verschieden Formen der Messung von Inflation vor und diskutiert die Aussagekraft der jeweiligen Konzepte. Kap. 4 informiert über die Bestimmungsgründe von Inflationsprozessen und ordnet die aktuelle Situation entsprechend ein. Kap. 5 schließlich diskutiert grundsätzliche Instrumente und Strategien der Inflationsbekämpfung sowie deren Möglichkeiten in der gegenwärtigen Situation. Abschließend formulieren wir, was Leser:innen aus diesem Essential mitnehmen können.

Inflation heute

2

➤ Die vergleichsweise hohe Inflation in Deutschland im Jahr 2022 ist in aller Munde. Inflation bedeutet, dass die Preise für Güter und Dienstleistungen auf breiter Basis anhaltend steigen. Damit verliert das Geld an Kaufkraft. Diese höheren Inflationsraten sind sowohl für die Volkswirtschaft als Ganzes wie für die meisten Verbraucher:innen ein Problem. Mitte 2022 nannten die meisten Verbraucher:innen in mehreren repräsentativen Umfragen die Inflation als das derzeit größte Problem, und damit noch deutlich vor dem Krieg in der Ukraine, der in den Augen der meisten Beobachter:innen immerhin eine „Zeitenwende" ausgelöst hat und ein ungelöstes Problem darstellt.

Beispiel

Beträgt die Inflation zum Beispiel 8 % in einem Jahr, dann kann man dieselben Waren, die am Jahresanfang 100 € kosteten, am Jahresende nur noch für 108 € erwerben. Wenn Nahrungsmittel, wie 2022, rund 15 % teurer werden, dann kostet der kleine Einkauf nicht mehr 40 €, sondern 46 €. Wenn Energiekosten, sei es für Benzin oder Heizung, wie 2022 teilweise um heftige 50 % steigen, dann ist der Euro für diese Art Ausgaben nur noch 66 Cents wert. ◄

© Der/die Autor(en) 2023
H. Gischer et al., *Inflation in Deutschland und dem Euroraum – ein Überblick*, essentials,
https://doi.org/10.1007/978-3-658-40701-8_2

2.1 Seit Jahrzehnten war die Inflation nicht mehr so hoch

Die Sorge um hohe Inflationsraten speist sich aus den täglichen Beobachtungen der Verbraucher:innen und aus den offiziellen Statistiken zu den Verbraucherpreisen. Laut Statistik stieg die Verbraucherpreisinflation in Deutschland seit Mitte 2021 von unter 2 % pro Jahr auf über 10 % im September 2022. Abb. 2.1 gibt den Verlauf der jährlichen Veränderungen gegenüber dem Vorjahr seit 1950 wieder. Es zeigt sich, dass das Inflationsniveau von 2022 nur in den Zeiten des Koreakriegs Anfang der 50er Jahre, sowie der beiden Ölpreisschocks 1974 und 1980 von der Größenordnung her erreicht wurde.

Sorgen bereitet nicht nur das hohe Niveau der Inflation, sondern auch, dass sie von vielen Institutionen, insbesondere der Europäischen Zentralbank (EZB), lange Zeit unterschätzt wurde. Im Sommer 2022 beträgt die Inflationserwartung der EU-Kommission für das Jahr 2022 im Euroraum 7,6 % und für Deutschland

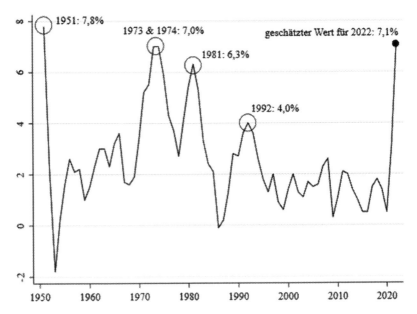

Abb. 2.1 Jährliche Veränderungsraten des HVPI. (Quelle: Bundesbank und ifo Inflationsprognose)

ebenfalls 7,6 %, für das Jahr 2023 betragen die Erwartungen 4,5 % bzw. 4,8 %. Das Inflationsziel der Zentralbank beträgt 2 %, d. h. es liegt sehr weit unterhalb der heutigen Realität.

Sorgen bereitet den Verbraucher:innen zudem, dass diese Inflation ihre Kaufkraft deutlich reduziert, weil die Löhne und Einkommen nicht annähernd so stark steigen wie die allgemeinen Preise. Was generell für alle Verbraucher:innen gilt, trifft auf die einzelnen Gruppen mehr oder weniger zu. Ausgerechnet die einkommensschwächsten Haushalte geben relativ am meisten für Lebensmittel und Energie aus, deren Preise besonders stark steigen. So sind derzeit gerade die „Ärmsten" am stärksten von der Inflation betroffen, weshalb der Staat mit Unterstützungszahlungen helfend eingreift.

Sorgen machen sich aber auch viele Vermögensbesitzer:innen. Das meiste Vermögen besitzen die Haushalte in Form von selbst genutzten Immobilien. Deren Preise waren lange stark gestiegen, jetzt jedoch scheinen sie eher zu stagnieren, während die Finanzierung über Immobilienkredite bereits deutlich teurer geworden ist. Geldvermögen entwertet sich tendenziell bei Inflationsraten von über 5 % und Zinssätzen für (sichere) Geldanlagen von unter 2 %. Selbst bei Aktien ist nicht klar, ob deren Rendite in den kommenden Jahren ausreichen wird, die Inflation zu kompensieren.

2.2   Steigen die Preise oder die Inflation?

Was die Dynamik der Preisentwicklung anbelangt, ist zwischen Veränderungen der Preise und Veränderungen der Inflation zu unterscheiden. Die Preise steigen von Ausnahmeperioden abgesehen eigentlich immer. Die Inflation hingegen hat sich über die letzten zwei Jahrzehnte in einer engen Bandbreite bewegt und lag die letzten Jahre im Korridor zwischen 0 % und 2 %.

In der aktuellen Situation jedoch haben sich auch die Inflationsraten spürbar erhöht. Es ist Mitte 2022 ungewiss, ob das derzeitige Inflationsniveau von rund 8 % in Deutschland sowie im Euroraum die Spitze der Inflationsraten markiert. Es wird mehrheitlich erwartet, dass die Inflationsraten bis zum Jahresende und im Verlauf von 2023 wieder sinken werden. Solche Zusammenhänge stellt Abb. 2.2 dar: Sie zeigt die Kombination aus Veränderungen des Preisniveaus auf der x-Achse sowie die Beschleunigung des Preisniveaus auf der y-Achse.

Somit befindet sich das Jahr 2021 sowie die erste Jahreshälfte 2022 im Quadranten rechts oben. Die Situation im Jahr 2023 wird rechts unten erwartet, also steigende Preise, aber sinkende Inflation. Die beiden Quadranten auf der linken Seite der Abbildung kennzeichnen deflationäre Perioden mit einem sinkenden

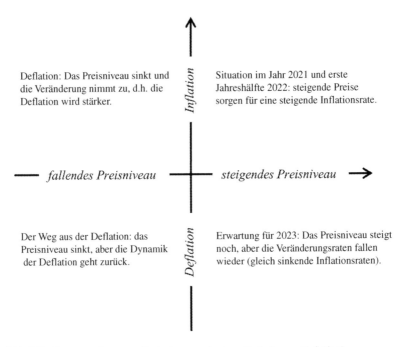

Deflation: Das Preisniveau sinkt und
die Veränderung nimmt zu, d.h. die
Deflation wird stärker.

Situation im Jahr 2021 und erste
Jahreshälfte 2022: steigende Preise
sorgen für eine steigende Inflationsrate.

fallendes Preisniveau   *steigendes Preisniveau*

Der Weg aus der Deflation: das
Preisniveau sinkt, aber die Dynamik
der Deflation geht zurück.

Erwartung für 2023: Das Preisniveau steigt
noch, aber die Veränderungsraten fallen
wieder (gleich sinkende Inflationsraten).

Abb. 2.2 Zusammenhang von Preisniveau und seiner Veränderung (Inflation)

Preisniveau. Diese waren in Deutschland nur vorübergehend relevant. Besonders
schädlich wäre eine Lage im Quadranten links oben, wenn die Preise sinken und
die Dynamik zunimmt. Dies würde eine deutliche Deflation bedeuten mit der
Gefahr einer scharfen Rezession.

2.3   Welche Rolle spielen Corona und Krieg?

Die Ursachen von Inflation können vielfältig sein (siehe auch Kap. 4 sowie
Gischer et al. 2020). Aktuell ist es offensichtlich, dass zwei besondere Faktoren
eine Rolle spielen, zum einen die Corona-Pandemie und zum anderen der russi-
sche Krieg gegen die Ukraine. Beiden Faktoren gemeinsam ist, dass sie auf das
gesamtwirtschaftliche Angebot einwirken und weniger auf die Nachfrageseite.
Wie kann man sich dies vorstellen?

Beginnen wir mit dem Corona-Schock, der sich seit Februar 2020 über die Weltwirtschaft ausgebreitet hat. Der wichtigste Aspekt dieses Schocks ist die Unterbrechung von Lieferketten und damit verbunden eine Störung der Produktionsvorgänge überall auf der Welt (Vgl. Bernoth und Ider 2021). Dies bedeutet wiederum, dass einige Produkte nicht oder nur verspätet geliefert werden können, das Angebot an Produkten verknappt sich. Eine indirekte Folge ist das Nachjustieren von Lieferketten. Während bislang – etwas überspitzt – nur die Preise zählten, wird nun stärker die Liefersicherheit berücksichtigt und dies bedeutet dann, dass die Produktion zwar sicherer, aber auch teurer wird.

Dagegen hat der Krieg in Europa andere Wirkungen. Zentral ist hier der Rückgang russischer Energielieferungen nach Europa, also Öl, Gas und Kohle. Während Kohle fast sofort auf den Weltmärkten eingekauft werden kann und damit die russischen Lieferungen recht leicht zu ersetzen sind, geschieht dieser Prozess bei Öl und Gas langsamer. Am schwierigsten ist es bei der leitungsgebundenen Lieferung von Gas. Das Ausweichen auf andere Lieferländer hat einen Preis, Energie hat sich dramatisch verteuert und da Energie sowohl von Haushalten als auch der Industrie gebraucht wird, steigen die Preise auf breiter Front. Zwar führt diese Preissteigerung zur Nutzung von Energiesparmöglichkeiten, die wichtig sind, um eine ausreichende Versorgung zu gewährleisten, aber was die Preise anbelangt, ist dies eher ein Tropfen auf den heißen Stein. Eine weitere Wirkung des Kriegs ist die Zunahme des Risikos vor allem in der europäischen Wirtschaft, was Risikoprämien (bspw. Zinsen) erhöht und Investitionen reduziert.

Sowohl Corona als auch der Krieg haben sich negativ auf die wirtschaftliche Entwicklung ausgewirkt. Bei Corona haben die Staaten großzügige Unterstützungspakete finanziert und damit den Schaden für die Realwirtschaft begrenzen können. Bei den Kriegsfolgen hingegen wird es – sofern die Preise ähnlich hoch bleiben – zu einer Umverteilung von Wohlstand kommen, zulasten der europäischen Energieimporteure, zu denen Deutschland zählt.

Die mittelfristigen Wirkungen auf die Inflation und die Möglichkeiten der Geldpolitik Inflationssteigerungen einzugrenzen kann man sich an einer einfachen Abbildung veranschaulichen. Dazu wird für eine Volkswirtschaft wie Deutschland auf der x-Achse die produzierte Menge an Gütern und Dienstleistungen abgetragen und auf der y-Achse das Preisniveau. Die Nachfrage nach Waren wird bei sinkenden Preisen steigen, da Verbraucher:innen und Investor:innen günstiger einkaufen können. Das Angebot dagegen wird mit sinkenden Preisen abnehmen, da weniger für die hergestellten Waren erlöst werden kann. Diese Zusammenhänge werden in Abb. 2.3 gezeigt. Der Schnittpunkt der beiden Geraden liegt dort, wo Angebot und Nachfrage genau gleich sind, also gedanklich beide – Anbieter und

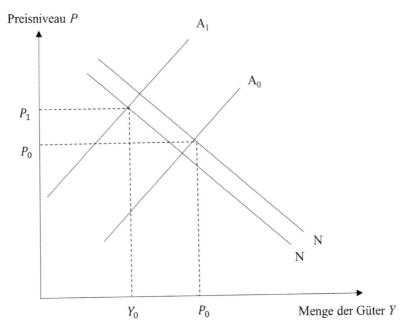

Abb. 2.3 Corona- und Kriegsschock im Angebot-Nachfrage-Diagramm

Nachfrager – mit den produzierten Mengen und erzielten Preisen „einverstanden"
sind. In der Ausgangslage sind diese Geraden und Punkte mit „0" gekennzeichnet.

Anmerkung: Y_0 und P_0: langfristiges Gleichgewicht vor Beginn der Corona-Krise und dem
Krieg in der Ukraine. Y_1 und P_1: neues Gleichgewicht aufgrund von Angebots- und Nachfra-
gerückgang durch die Corona-Krise und dem Krieg in der Ukraine: Zuerst Verschiebung von
A_0 zu A_1, zum Beispiel aufgrund gestörter Lieferketten. Daraufhin leichte Anpassung der
Nachfrage aufgrund gestiegener Energiepreise und erhöhter Risikoprämien (Verschiebung
von N_0 zu N_1).

Der Corona-Schock wirkt so primär wie eine Verknappung des Angebots bei
gegebenen Preisen, also graphisch ist dies eine Linksverschiebung der Angebotskurve. Dagegen wirkt der Kriegsschock primär wie eine Verteuerung vieler
Produkte durch massiv gestiegene Energiekosten, was graphisch wiederum eine
Verschiebung der Angebotskurve nach oben bedeutet. Diese Verschiebung wird
durch geänderte, teurere Lieferketten und erhöhte Risikokosten leicht verstärkt.

Auf der Nachfrageseite passiert demgegenüber weniger. Insgesamt sinkt die Nachfrage im Inland durch Umschichtung hin zu Energieimporten und erhöhten Risikoprämien, was sich als leichte Linksverschiebung der Nachfragekurve ausdrückt. In der Summe trifft ein knappes und verteuertes Angebot auf fast unveränderte Nachfrage, und so steigen die Preise.

2.4   Wie könnte es weitergehen?

Aus heutiger Sicht (September 2022) spricht manches dafür, dass der Krieg weiter fortgeführt wird und die Energiepreise damit tendenziell hoch bleiben. Die Corona-Pandemie ist nicht endgültig überwunden und das Bemühen um resilientere Lieferketten wird weitergehen. In der Summe wirken die alten Schocks stark abgeschwächt weiter, die stark steigenden Erzeugerpreise sind noch nicht alle in die Verbraucherpreise eingeflossen. Neue Schocks sind derzeit nicht absehbar, aber möglich (bspw. könnte der Krieg eskalieren). In diesem Szenario kommt es darauf an, ob sich die Inflationsimpulse verfestigen oder auslaufen. Dies hängt an den Reaktionen von Marktteilnehmer:innen sowie Geld- und Finanzpolitik.

Im günstigsten Fall werden die veränderten relativen Preise zugunsten des Auslands und einer klimafreundlicheren Energieversorgung akzeptiert. Dies impliziert, dass die Finanz- und Einkommenspolitik sich bei Unterstützungspaketen auf bedürftige Zielgruppen konzentriert (Kooths 2022). Im Grunde wird solches Verhalten in den dominierenden Prognosen unterstellt, die davon ausgehen, dass die Inflation im Jahr 2023 erhöht bleiben wird, also bei 7 % oder 8 % in Deutschland. Ab 2024 wird sie sich dann wohl wieder den angestrebten 2 % pro Jahr nähern. Es kann aber auch ganz anders kommen, wenn die hohe Inflation, zum Beispiel, zu entsprechend hohen Lohnabschlüssen führt und sich eine Preis-Lohn-Preis-Spirale ergibt.

Eine zentrale Rolle wird der Geldpolitik zukommen. Gelingt es ihr glaubwürdig zu machen, dass sie gegen eine sich verfestigende Inflation angehen wird und notfalls mit deutlich steigenden Zinsen und sinkender Geldmenge die Inflation zurückführt? Die Glaubwürdigkeit kann man zum einen an den Taten der EZB, zum anderen an der Höhe der Inflationserwartungen ablesen. Zum Stand September 2022 liegen die Zinsen und die gesamte Geldpolitik auf einem Niveau als müsste eine Rezession bekämpft werden, die in vielen Ländern Europas droht (Horst et al. 2022). Die mittelfristigen Inflationserwartungen der professionellen Marktteilnehmer:innen sind noch nahe beim Zielniveau von 2 %. Dagegen liegen die Inflationserwartungen der Bevölkerung mit rund 5 % für das Jahr 2023 und rund 3 % für 2024 längst höher. Dies ist wenig überraschend, weil sich letztere Erwartungen primär adaptiv ergeben, also von der zuletzt realisierten Inflationsrate geprägt sind. Allerdings prägen diese Erwartungen das Verhalten, zum Beispiel wenn es um angemessen angesehene Lohnerhöhungen geht. Es ist also nicht ganz klar, ob der Balanceakt der Geldpolitik und anderen Politikträger – zwischen Inflationsbekämpfung und Stabilisierung der wirtschaftlichen Entwicklung – erfolgreich sein wird.

Fazit

Nachdem die Inflation über 20 Jahre auf niedrigem, und manchmal fast schon unerwünscht niedrigem, Niveau verharrt hatte, ist sie seit Ende 2021 mit Macht „zurückgekehrt". Die Inflation hat ein Niveau wie seit Jahrzehnten nicht mehr und besorgt Verbraucher:innen mit kleinen und mittleren Einkommen genauso wie Haushalte mit Vermögen. Selbst wenn die Inflation nicht weiter steigen wird, sind ihre Wirkungen bereits schädlich. Es stellt sich die Frage, wie es weitergeht, wenn die ursprünglichen Schocks der Coronarezession und der explodierenden Energiepreise „verdaut" sein könnten.

Literatur

Bernoth, Kerstin, und Gökhan Ider. 2021. Inflation im Euroraum: Faktoren wirken meist nur temporär, aber Risiko für länger erhöhte Inflation vorhanden, *DIW Wochenbericht* 88(42):695–704.

Gischer, Horst, Bernhard Herz, und Lukas Menkhoff. 2020. *Geld, Kredit und Banken – Eine Einführung*, 4. Auf. Berlin: Springer.

Horst, Maximilian, Daniel Stempel, und Ulrike Neyer. 2022. Die EZB muss die Inflation glaubwürdiger bekämpfen, *Wirtschaftsdienst* 102(6):426–429.

Kooths, Stefan. 2022. Hausgemachte Inflationsrisiken, *Wirtschaftsdienst* 102(6):434-437.

Was ist Inflation (und wie misst man sie)? 3

Mit der Inflation wird das Geld entwertet, weil man für denselben Geldbetrag weniger Güter oder Dienstleistungen kaufen kann. Dies können alle Verbraucher:innen direkt spüren, wenn sie Güter regelmäßig kaufen, deren Preise sie gut kennen, und diese dann steigen. Als Beispiel mag ein Liter Milch gelten, ein Pfund Butter oder andere Standardprodukte. Doch kann man sich auf diese subjektiven Erfahrungen verlassen? Wie wird Inflation tatsächlich gemessen und wie muss man diese Maße interpretieren?

Tatsächlich kann man sich auf einzelne Erfahrungen über steigende Produktpreise nicht wirklich verlassen. Was man braucht für einen Überblick sind die Preisentwicklungen aller relevanten Güter und Dienstleistungen. Dazu arbeitet die amtliche Statistik mit einem **Warenkorb.** Wie es der Name sagt, ist dies der bildliche Korb an Waren (als würde man damit im Supermarkt einkaufen), also eine definierte Menge an Gütern und Dienstleistungen. Jeden Monat erheben Mitarbeiter:innen statistischer Ämter die Preise dieser definierten Güter. Daraus ergibt sich, was dieser Warenkorb kostet. Die Veränderung des Preises dieses Warenkorbs ist dann das, was als Inflation gemessen wird. Sofern die Preise ausnahmsweise auf breiter Basis und anhaltend sinken, spricht man von **Deflation.**

© Der/die Autor(en) 2023
H. Gischer et al., *Inflation in Deutschland und dem Euroraum – ein Überblick*, essentials,
https://doi.org/10.1007/978-3-658-40701-8_3

3.1   Was kommt in den Warenkorb?

Das Bild des Warenkorbs ist hilfreich, denn Verbraucher:innen kaufen ganz verschiedene Waren. Entsprechend gibt es verschiedene Warenkörbe und folglich kann es verschiedene Inflationsraten geben. Am bekanntesten ist das Maß der **Verbraucherpreisinflation,** wie es in Zeitungen oder anderen Nachrichten typischerweise berichtet wird. Dieses Maß an Inflation beruht gedanklich auf den Warenkörben aller Haushalte, also auf der Summe der Verbraucherausgaben für Konsumzwecke. Man ermittelt also aus den gekauften Waren den „Warenkorb" für Verbraucherausgaben.

Dazu wird allein in Deutschland eine Stichprobe aus zigtausend Haushalten genommen, sodass alle Haushaltstypen entsprechend ihrer Häufigkeit vertreten sind. Der ermittelte Warenkorb wird in der Regel alle fünf Jahre an die sich ändernden Verbrauchergewohnheiten angepasst. Für diesen Warenkorb werden dann jeden Monat die Preise erhoben. Die gesamte Vorgehensweise ist in Europa abgestimmt, sodass das Statistische Bundesamt in Deutschland die Werte an die europäische Statistikbehörde übermittelt. Die Preise dieses Warenkorbs werden in einem Index erfasst, der für einen interessierenden Zeitpunkt auf 100 gesetzt wird. Dies ist der **„Harmonisierte Verbraucherpreisindex (HVPI)",** dessen Veränderung die Inflationsrate in Deutschland bzw. in anderen europäischen Ländern misst. Dieser Warenkorb setzt sich für Deutschland zurzeit (seit 2015) so zusammen wie es Abb. 3.1 zeigt.

Anmerkung: „Die ECOICOP (European Classification of Individual Consumption according to Purpose) ist eine hierarchische Klassifikation aller Produkte, die nach der Verordnung (EU) 2016/792 (Anhang I) im HVPI berücksichtigt werden müssen" (Europäische Kommission). Die hier abgebildeten 12 Kategorien sind die Hauptproduktkategorien und werden weiter in Gruppen, Klassen und Unterklassen unterteilt (Europäische Kommission).

Die wesentlichen Warengruppen sind Nahrungsmittel (mit Alkohol und Tabak) mit einem Gewicht von 17,15 %, Energie 12,07 %, Wohnungsmieten 11,34 %, dann Industrieerzeugnisse 26,68 % und schließlich Dienstleistungen (ohne Mieten) 32,76 %. Die drei ersten Gruppen umfassen überwiegend die Grundbedürfnisse Essen, Wohnen und Wärme, und machen rund 40 % des Warenkorbs aus. Die Preise für Nahrungsmittel und Energie schwanken sehr stark, wie der Vergleich der Inflationsraten für die fünf unterschiedlichen Gütergruppen in den letzten Jahrzehnten in Abb. 3.2 zeigt. Das hat auch Bedeutung für die Ausrichtung der Geldpolitik.

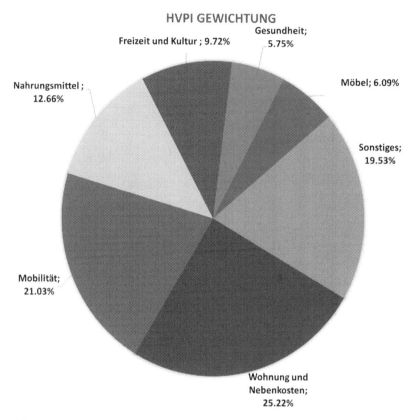

Abb. 3.1 HVPI-Gewichte der Warengruppen für Deutschland (2022). (Quelle: Eigene Berechnungen und Eurostat)

Anmerkung: Die Werte beziehen sich auf Deutschland, die Inflationsraten sind Veränderungen gegenüber dem Vorjahr.

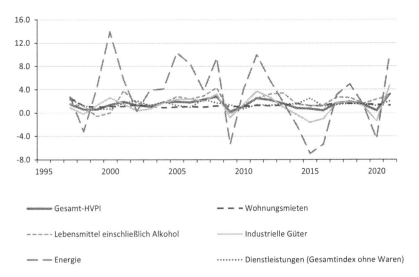

Gesamt-HVPI   — — — Wohnungsmieten

Lebensmittel einschließlich Alkohol   Industrielle Güter

Energie   ·········· Dienstleistungen (Gesamtindex ohne Waren)

Abb. 3.2 Inflationsraten von ausgewählten Warengruppen des HVPI (in %). (Quelle: Eigene Berechnungen und Eurostat)

3.2   Auf welche weiteren Inflationsraten achtet die Geldpolitik?

Gemäß ihrem Auftrag den Geldwert stabil zu halten, orientiert sich die Geldpolitik zuerst an den Verbraucherpreisen. Da die Geldpolitik im Euroraum einheitlich gestaltet wird, ist entsprechend die Inflationsmessung vereinheitlicht worden durch den HVPI. Allerdings, und dies knüpft am vorhergehenden Abschn. 3.1 an, unterliegt dieser Index starken temporären Einflüssen, während die Geldpolitik – wie wir in Kap. 5 ausführlicher diskutieren – mittelfristiger ausgerichtet ist und auf kurzfristige Einflüsse kaum sinnvoll reagieren kann. Zudem unterliegen viele temporäre Einflüsse nicht dem Gestaltungsspielraum der Geldpolitik. Dies gilt, wenn man an die fünf oben eingeführten Warengruppen denkt, insbesondere für Nahrungsmittel und Energie.

Nahrungsmittelpreise schwanken stark durch Wettereinflüsse oder großflächige Krankheiten für Pflanzen und Tiere. Beides, Wetter und Krankheiten, sind für Geldpolitik in keiner Weise zu beeinflussen. Zudem sind beide Einflüsse typischerweise temporär. Irgendwann normalisiert sich das Wetter und Krankheitswellen ebben wieder ab. Von daher macht es Sinn, dass die Geldpolitik für ihre Ausrichtung auf eine Inflationsrate achtet, bei der diese stark schwankenden und zeitweiligen Einflüsse unbeachtet bleiben.

Ganz ähnlich trifft dies auf die Energiepreise zu. Deutschland ist in hohem Maße Importeur von Energie, gerade von Öl und Gas. Zudem gelten für die Produkte im Wesentlichen einheitliche Weltmarktpreise. Insofern ist der deutsche Einfluss auf diese Preise kaum gegeben, sie unterliegen in keiner Weise der Kontrolle durch deutsche oder auch europäische Institutionen. Gleichzeitig schwanken diese Preise besonders stark, weil sich die Nachfrage vor allem mit der weltweiten Konjunkturlage ändert, während die Fördermöglichkeiten vergleichsweise starr sind, also kaum kurzfristig angepasst werden können.

In der Konsequenz achtet die Geldpolitik deshalb in der kürzeren Frist auf Verbraucherpreise ohne die beiden stark schwankenden Bestandteile Nahrungsmittel und Energie, als den „Kern" des Inflationsprozesses. Entsprechend wird diese spezifische Inflationsrate **Kerninflation** genannt. Abb. 3.3 zeigt die monatlichen Veränderungsraten (ggü. Vorjahr) für den HVPI und die Kerninflation. Man sieht den erwarteten Unterschied deutlich: im Trend entwickeln sich beide Inflationsraten ähnlich, aber innerhalb eines Jahres oder von zwei Jahren schwankt die Verbraucherpreisinflation (HVPI) stärker, während die Kerninflation stabiler bleibt.

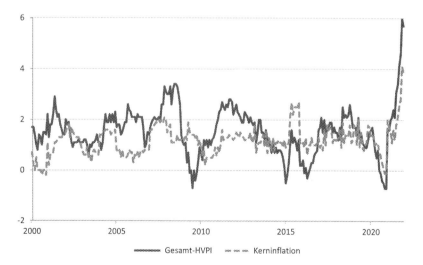

Abb. 3.3 Veränderungsraten des HVPI und der Kerninflation (in %). (Quelle: Eigene Berechnungen und Eurostat)

Anmerkung: Die Werte beziehen sich auf Deutschland, die Inflationsraten sind Veränderungen gegenüber dem Vorjahr. Für die Darstellung der Kerninflation wurde auf die Definition zurückgegriffen, dass die Kerninflation durch das spezielle HVPI-Aggregat „alle Waren außer Energie, Lebensmittel, Alkohol und Tabak" abgebildet werden kann (Europäische Zentralbank). Quelle: Eigene Berechnungen und Eurostat.

Als dritte Inflationsrate sind die **Erzeugerpreise** (oder: Produzentenpreise) bzw. der **Erzeugerpreisindex** bedeutsam. Diese messen – wie es der Name sagt – die Preisentwicklung auf Ebene der Erzeuger oder Produzenten (genau genommen: Erzeugerpreise gewerblicher Produkte im Inlandsabsatz). Folglich läuft die Entwicklung dieser Preise denen der Verbraucherpreise tendenziell voraus, denn zuerst müssen Güter produziert werden bevor sie für den Verbrauch zur Verfügung stehen. Weiterhin verändern sich Erzeugerpreise recht stark, in der Regel stärker als Verbraucherpreise, weil es auf dem Weg zum Verbrauch noch weitere Preisbestandteile gibt, die Veränderungen glätten, wie Logistik, Vertrieb und Steuern. Die monatliche Entwicklung der Erzeugerpreise im Vergleich zu den Verbraucherpreisen (HVPI) zeigt Abb. 3.4. Man sieht unmittelbar die größeren Schwankungen der Erzeugerpreise.

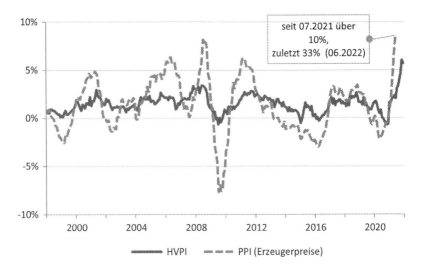

Abb. 3.4 Veränderungen der Verbraucher- und Erzeugerpreise (in %). (Quelle: Eigene Berechnungen und Deutsche Bundesbank)

Anmerkung: Die Werte beziehen sich auf Deutschland, die Inflationsraten sind Veränderungen gegenüber dem Vorjahr.

Man erkennt in Abb. 3.4, dass die Höhen und Tiefen der Preisentwicklungen von Erzeugerpreisen und HVPI gut zueinander passen, aber die Erzeugerpreise manchmal auch zeitlich vorlaufen, wie zuletzt im Jahr 2020.

3.3 Warum ist gefühlte Inflation oft höher als die gemessene?

Während die geldpolitischen Institutionen, genauso wie andere professionelle Analyst:innen, auf die oben eingeführte Kerninflation achten, um Trends aus den manchmal großen temporären Schwankungen herauszufiltern, nehmen Verbraucher:innen die Inflation häufig ganz anders wahr. Diese Debatte um gemessene versus **gefühlte Inflation** erhielt zum Beispiel bei der Einführung des Euro einige Prominenz.

Beispiel

Während Verbraucher:innen eine hohe Inflation (durch den Euro) beklagten, stellt die Statistik keinen durchschnittlichen Effekt durch die Einführung fest. Diese Diskrepanz konnte man damals auf drei Effekte zurückführen. Erstens war der Umrechnungskurs von D-Mark zu Euro nicht genau 2, sondern etwas kleiner (1,95), sodass bspw. ein Liter Milch statt 1,00 D-Mark nun nicht 0,50, sondern 0,51 € kostet. Viele Verbraucher:innen multiplizierten aber Europreise mit genau 2, um einen Vergleich zu den bekannten DM-Preisen zu haben und stellten folglich eine kleine Inflation fest, hier ca. 2 % (neuer Preise 1,02 im Vergleich zu ehemals 1,00). Zweitens nutzten natürlich auch manche Firmen die Währungsumstellung für Preiserhöhungen, aber dies war nur ein kleiner Teil der Erklärung. Der dritte und wohl wichtigste Effekt war die Fokussierung der Menschen auf die alltäglichen Produkte, wie gerade Lebensmittel, die aus anderen Gründen teurer wurden, aber deren Verteuerung der zeitgleichen Euroeinführung zugeschrieben wurde.◄

Die verstärkte Wahrnehmung bestimmter Preisänderungen lässt sich auch zu anderen Zeiten beobachten und wird durch das Konzept der **wahrgenommenen Inflation** erfasst und über den **Index der wahrgenommenen Inflation (IWI)** gemessen (Brachinger 2005). Ein Kernelement dieser Art Inflationsmessung ist die Gewichtung der Produkte im Warenkorb nicht nach den Ausgaben, sondern nach der Kaufhäufigkeit. Prinzipiell geht der Wochenendeinkauf von Brötchen viermal so stark in den Index ein wie die monatliche Mietzahlung. Dies ist ein extremes Beispiel, doch plausibel ist, dass die ständigen Käufe von Lebensmitteln wichtiger für die gefühlte Inflation sind als andere Produkte. Im konkreten Fall des IWI sind noch weitere Annahmen getroffen worden, um den Index zu berechnen, insbesondere wird davon ausgegangen, dass Preissteigerungen stärker wahrgenommen werden als Preissenkungen.

Ein grundsätzlich anderer Weg um eine gefühlte Inflation zu ermitteln sind Verbraucherumfragen wie die EU-Kommission sie monatlich vornimmt. Hierbei gibt es die Frage wie stark die Verbraucherpreise in den letzten 12 Monaten gestiegen sind. Der Zusammenhang zwischen gemessener Inflation (HVPI) und gefühlter Inflation ist deutlich bei den Veränderungen wie Abb. 3.5 für fast 20 Jahre zeigt: zum Beispiel gehen beide Maße zuletzt sehr deutlich nach oben. Allerdings liegt die gefühlte Inflation immer sehr beträchtlich über der gemessenen Inflation. Der Abstand beträgt durchaus 5 Prozentpunkte.

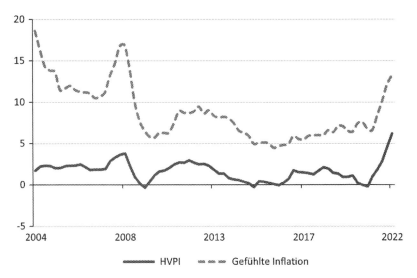

Abb. 3.5 Inflationsraten des HVPI und der gefühlten Inflation im Euroraum (in %). (Quelle: Eigene Berechnungen und Europäische Kommission, Bundesbank)

Anmerkung: Die Werte beziehen sich auf den Euroraum, die Inflationsraten sind Veränderungen gegenüber dem Vorjahr und die Daten sind Quartalsdaten. Die gefühlte Inflation wird durch die Europäische Kommission im Rahmen ihres Business and Consumer Survey (BCS) erfasst. Die Teilnehmer der Befragung werden hierbei gebeten einzuschätzen, wie hoch die Inflation in den letzten 12 Monaten gewesen ist.

3.4 Wen trifft die Inflation besonders?

Steigende Preise treffen alle, die die entsprechenden Güter und Dienstleistungen kaufen. Der Warenkorb, der der Messung des HVPI zugrunde liegt, umfasst die gekauften Waren mit einer durchschnittlichen Gewichtung über alle Haushalte hinweg. Wenn die Preise der darin enthaltenen Waren sich unterschiedlich entwickeln, dann wird auch die Inflation für die jeweiligen Typen an Verbraucherhaushalten unterschiedlich sein. Was abstrakt klingt, kann in der Praxis – zumindest zeitweise – einen erheblichen Unterschied ausmachen.

Vor allem steigen manchmal, wie oben gezeigt, die Preise für Nahrungsmittel und Energie sehr stark (und fallen auch manchmal sehr stark, aber das ist dann nicht problematisch). Diese beiden Warengruppen zusammen genommen machen 29,2 % des Warenkorbs aus. Allerdings ist deren Anteil für einkommensschwächere Haushalte deutlich höher; generell kann man sagen, dass der Anteil der Nahrungsmittel und Energie mit dem Einkommen abnimmt. Das ist unmittelbar einsichtig, denn essen müssen alle, aber man wird nicht beliebig viel für Lebensmittel ausgeben.

Aus der alle fünf Jahre **erhobenen Einkommens- und Verbrauchsstichprobe (EVS)** des Statistischen Bundesamts kann man die typischen Warenkörbe je nach Haushaltseinkommen ermitteln. Man sieht in Abb. 3.6 den Anteil von Nahrungsmitteln und Energie an den gesamten Verbrauchsausgaben von drei Haushaltsgruppen. Diese sind geordnet von den 20 % einkommensschwächsten bis zu den 20 % einkommensstärksten Haushalten (sogenannte Einkommensquintile), allerdings zeigt die Abbildung nur drei der fünf Quintile um übersichtlicher zu sein. Der Anteil der Nahrungsmittel sinkt von 17 % bis auf gut 10 %. Ähnlich ist es bei der sogenannten Haushaltsenergie, also den Ausgaben für Heizen und Strom im Haushalt, aber nicht für Mobilität, die mit dem Einkommen eher steigen.

Im nächsten Schritt ordnen wir den Ausgabengruppen ihre jeweiligen Inflationsraten zu und ermitteln somit die haushaltsspezifischen Inflationsraten; also die Inflationsrate für die 20 % „ärmsten" Haushalte und für die 20 % „reichsten".

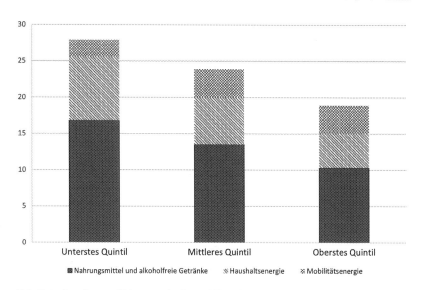

Abb. 3.6 Anteile von Nahrungsmitteln und Energie an den Verbrauchsausgaben für drei Gruppen von Haushalten, geordnet nach deren Einkommenshöhe (in %). (Quelle: EVS und DIW Berlin)

Diese betragen Mitte 2022 etwa 8 % bzw. 2 %. Die Spreizung ist noch extremer zwischen den je 10 % ärmsten und reichsten Haushalten. Allerdings war die Enthaltung der unteren Einkommensgruppen durch Hilfspakete im ersten Halbjahr 2022 besonders stark, sodass die beiden extremen Quintile sogar leicht weniger belastet wurden als die 60 % „mittleren" Haushalte (Priem et al. 2022). Bei einer langfristigen Betrachtung gibt es über die letzten gut 20 Jahre keine nennenswerten Unterschiede zwischen den Einkommensgruppen: die durchschnittlichen Inflationsraten betragen 1,74 % für das unterste, 1,76 % für das mittlere und 1,77 % für das oberste Quintil.

Bisher haben wir uns an der Inflationsmessung orientiert, wie sie in der Öffentlichkeit und Wirtschaftspolitik dominiert. Inflation bedeutet anhaltende Preissteigerungen für Güter und Dienstleistungen. Damit sind also die Verbrauchsausgaben angesprochen, doch die Haushalte sparen im Durchschnitt eine Größenordnung von gut 10 % ihrer Einkommen, bilden Ersparnisse, investieren in Geld- und Sachvermögen, insbesondere in selbst genutzte Immobilien. In der Summe besitzen deutsche Haushalte ein **Vermögen** von fast 8 Billionen Euro.

Auch Vermögen unterliegt der Inflation. Bei Spareinlagen ist das ganz offensichtlich, denn ein unveränderter Nominalwert von Ersparnissen verliert genauso Kaufkraft wie Einkommen. Also für 10.000 € Einlagen kann man nach einem Jahr und 2 % Inflation nur noch einen Gegenwert von 9800 € kaufen. Vielleicht beträgt gleichzeitig der Zins auf diese Spareinlagen ebenfalls 2 %, und sofern dieser nicht versteuert werden muss gleicht er den Kaufkraftverlust genau aus. Bei anderen Anlageformen sind die Verhältnisse unübersichtlicher, wie bei Aktien oder Immobilienvermögen. Bei Aktien kann man auf die lange Frist erwarten, dass die Rendite deutlich über der Inflation liegt, dafür schwanken die Kurse stark und man kann jahrelang im Minus liegen. Bei Immobilien sind die Schwankungen im Allgemeinen geringer.

Ein besonderes Phänomen bei Vermögen ist die **Vermögenspreisinflation**. Damit meint man generell die Preissteigerungen von Vermögenswerten, wie Aktien oder Immobilien, die wie oben erwähnt die Inflation ausgleichen oder sogar überkompensieren mögen. Besonders relevant wird dieses Thema in Zeiten extrem niedriger Zinsen, wenn Anleger:innen ihr Vermögen weg von niedrig verzinsten Einlagen in Aktien oder Immobilien umschichten und damit deren Preise hochtreiben (wie es bspw. bis Ende 2021 zu beobachten war).

Auch wenn die Verteilungswirkungen von Inflation bezogen auf Vermögen weniger im Vordergrund stehen, so gibt es doch interessante Tendenzen. Die Vermögensstruktur der Haushalte folgt ähnlich wie die Struktur der Verbrauchsausgaben einem Muster: ärmere Haushalte besitzen fast kein Vermögen, die breite Mittelklasse hält einen großen Anteil in Einlagen und selbstgenutzten Immobilien und nur die oberen Einkommens- und Vermögensschichten besitzen höhere Anteile an Wertpapieren, vermieteten Immobilien oder Firmenvermögen. Insofern sind tendenziell die besser gestellten Haushalte hinsichtlich ihres Vermögens auch besser gegen einen Kaufkraftverlust abgesichert.

3.5 Warum wird der Warenkorb zur Inflationsmessung geändert?

Änderungen im Warenkorb gibt es alle paar Jahre ganz regulär, denn er soll die Verbrauchsgewohnheiten widerspiegeln und diese Gewohnheiten ändern sich mit der Zeit. Streng genommen ändern sie sich laufend, aber das würde die Statistik überfordern. Insofern hat man sich entschlossen den Warenkorb in größeren Abständen anzupassen, meist nach etwa fünf Jahren.

Neben den regulären Änderungen des Warenkorbs gibt es auch selten Änderungen aus besonderem Grund. Solch eine Situation findet in diesen Jahren statt, denn es wird beabsichtigt, die Kosten für das Wohnen umfassender zu berücksichtigen. Bisher berücksichtigt der HVPI nur die Kosten für Mieten und für laufende Aufwendungen des (auch selbstgenutzten) Wohnens (wie Reparaturen, Heizen u. ä.). Im Umkehrschluss bedeutet dies, dass die **vollen Kosten für selbstgenutztes Wohneigentum** nicht in den Warenkorb einfließen. In unseren Nachbarländern Schweiz oder Tschechien, aber auch bspw. in den USA, Japan oder Australien werden bereits heute Kosten selbstgenutzten Wohneigentums von den nationalen Statistikämtern in den Inflationsindices berücksichtigt. Im Vereinigten Königreich wiederum werden zwei Inflationsindizes berechnet, einmal ohne und einmal mit selbstgenutztem Wohneigentum.

Es gibt vor allem zwei Argumente gegen eine Berücksichtigung. Zum einen handelt es sich bei Wohneigentum um Vermögen, und bei diesem Vermögen gibt es neben dem Konsummotiv ein offensichtliches Investitionsmotiv. Konzeptionell müsste man also den Investitionsanteil herausrechnen und nur der Konsumanteil wäre dem Verbrauch zuzuschlagen. Zum anderen ist es pragmatisch nicht so einfach wie bei den anderen Verbrauchsausgaben die Preise und ihre Veränderungen zu ermitteln, denn es werden gerade keine Mieten bezahlt. Also muss man kalkulatorisch Mieten ermitteln. Dies ist machbar, aber ist mit Annahmen behaftet und wird von den Statistikbehörden entsprechend auch unterschiedlich gehandhabt.

Weil die Nutzung von selbstgenutztem Wohneigentum die ansonsten fälligen Konsumausgaben für Miete ersetzt, sollte sie, so argumentieren Befürworter:innen der Berücksichtigung von selbstgenutztem Wohneigentum im HVPI, entsprechend in den Index einfließen. Und was die Messung anbelangt, so gibt es – wie bei allen Messungen – immer auch Randbedingungen über die zu diskutieren ist, die aber der Messung nicht prinzipiell im Weg stehen (für eine Diskussion solcher Verfahren vgl. Dany-Knedlik und Papadia 2021).

Empirisch macht die Berücksichtigung von selbstgenutztem Wohneigentum einen gewissen Unterschied. Dabei spielen sowohl Mengen als auch Preise eine Rolle. Hinsichtlich der Mengen wohnen ca. 75 % der Europäer:innen im eigenen Wohneigentum, während diese Quote in Deutschland mit gut 45 % vergleichsweise niedrig ist. Folglich bedeutet die Berücksichtigung selbstgenutzten Wohnens in Deutschland nicht so eine große Änderung wie in anderen Ländern. Die europäische Statistikbehörde ermittelt einen vierteljährlichen Preisindex für selbstgenutztes Wohneigentum, den OOHPI („owner-occupied house price index"). Für Deutschland steigt der Anteil aller Wohnkosten im Warenkorb um knapp 10 Prozentpunkte auf etwas über 30 %. In Italien, als Land mit hohem Eigentumsanteil, steigt der Anteil um mehr als 15 Prozentpunkte auf dann fast 30 %. Im Euroraum insgesamt liegen die Werte zwischen Deutschland und Italien, mit einem Anstieg um über 10 Prozentpunkte auf fast 30 %.

Für die Dynamik der Inflationsraten spielt die Berücksichtigung von selbstgenutztem Wohneigentum keine große Rolle, weil die volatilen Einflüsse von Energiekosten bereits im bisherigen HVPI enthalten sind. Aber vom Niveau macht es einen kleinen Unterschied: für die Jahre 2011–2014 wären die Inflationsraten im Euroraum etwas geringer gewesen (0,22 Prozentpunkte; bzw. in Deutschland +0,06 Prozentpunkte), dagegen wären sie in den Folgejahren um 0,27 bzw. 0,24 Prozentpunkte höher gewesen.

3.6 Was bedeutet importierte Inflation?

Man spricht von importierter Inflation wenn die Preise von Gütern und Dienstleistungen, die aus dem Ausland importiert werden, deutlich und anhaltend steigen. Sie fällt vor allem auf, wenn diese Preise stärker steigen als die sonstigen Preise im Inland, und dadurch die Inflation erhöhen. Dies hängt mit der Struktur der Importe zusammen, denn einen großen Anteil haben Energie und Rohstoffe, deren Preise stärker als die anderer Waren schwanken. Ein weiterer Einfluss kommt von den Wechselkursen, denn immer wenn der Euro gegenüber anderen Währungen, vor allem gegenüber dem US-Dollar, abwertet verteuern sich die Importe und umgekehrt. In Abb. 3.7 erkennt man deutlich, dass die Importpreise stärker schwanken als der Verbraucherpreisindex HVPI. Man sieht ebenfalls, dass die Importpreise sich in einiger Parallelität mit den Energiepreisen bewegen.

Anmerkung: Die Werte beziehen sich auf Deutschland, die Inflationsraten sind Veränderungen gegenüber dem Vorjahr.

Während die Importpreise über eine mögliche importierte Inflation informieren, sagen sie unmittelbar nichts über die relevante heimische Inflation aus. Zwar gibt es den sogenannten **Deflator,** der die Preisentwicklung der Wertschöpfung im Inland misst, doch darin gehen Exporte ein, Investitionsgüter und indirekte Wirkungen der importierten Inflation. Um diese Einflüsse gering zu halten, hat die Europäische Zentralbank jüngst einen Preisindikator von Waren mit niedriger Importintensität entwickelt, den **„Low Import Intensity (LIMI) Inflation Indicator"**

Die Vorgehensweise ist so, dass der europäische Warenkorb des HVPI in seine Warenbestandteile zerlegt wird, und für jeden Bestandteil der Importanteil über volkswirtschaftliche Input-Output-Tabellen abgeschätzt wird. Insofern werden nicht einfach importierte Waren erfasst, sondern für jede Ware wird über die gesamte Wertschöpfungskette hinweg der Importanteil ermittelt. Dieser liegt

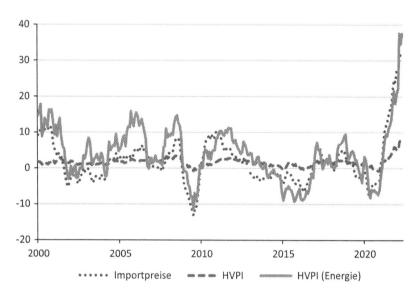

Abb. 3.7 Inflationsraten der Importpreise und des HVPI (in %). (Quelle: Eurostat und Statistisches Bundesamt)

zwischen 3 % und 68 %. Dann werden die Produkte nach ihrem importierten Anteil sortiert und in aufsteigender Reihenfolge zu Indices zusammengefasst. Für jeden Index wird ein möglichst enger mittelfristiger Zusammenhang mit dem HVPI-Index geprüft. Es ergibt sich, dass dieser Zusammenhang für den Index am größten ist, der alle Waren bis zu einem Importanteil von 18 % erfasst. Dies sind größenordnungsmäßig 40 % der Waren im HVPI-Warenkorb, in erster Linie Dienstleistungen.

Mit dem Fokus auf Dienstleistungen und dem Wegfall volatiler Energielieferungen ist es wenig überraschend, dass der Verlauf dieses LIMI-Indikators recht ähnlich dem der Kerninflation ist. Allerdings bringen die Dienstleistungen den Unterschied mit sich, dass dort der Produktivitätsfortschritt geringer als bei Gütern ist, und damit die Inflationsrate im Allgemeinen höher. Folglich verläuft auch der Trend des LIMI-Index über dem von HVPI und Kerninflation.

> **Fazit**
>
> Die wichtigste Form Inflation zu messen ist auf die Verbraucher:innen ausgerichtet. Diese Messung erfolgt über den HVPI (Harmonisierter Verbraucherpreisindex). Der beruht auf einem repräsentativen Warenkorb. Je nachdem wie sich dessen Bestandteile verteuern und wer davon wieviel verbraucht, kommt es zu unterschiedlich hohen Inflationsraten. Für die tiefergehende Analyse von Inflationsprozessen ist es wichtig, anhaltende von vorübergehenden Preiseinflüssen zu isolieren, wie es die Kerninflation macht. Man unterscheidet die Inflation in Erzeugerpreisen von der in Verbraucherpreisen und die importierte Inflation von derjenigen der heimischen Wertschöpfung. Die vielen Messwerte ergeben sich aus der Komplexität des Inflationsprozesses und bilden für die verschiedenen Zwecke die jeweils „richtige" Inflationsrate ab.

Literatur

Brachinger, Hans Wolfgang. 2005. Der Euro als Teuro? Die wahrgenommene Inflation in Deutschland. *Wirtschaft und Statistik* 9:999–1013.

Dany-Knedlik, Geraldine, und Andrea Papadia. 2021. Berücksichtigung von selbstgenutztem Wohnen im Preisindex kann Glaubwürdigkeit der EZB stärken. *DIW Wochenbericht* 88(49):795–802.

Fröhling, Annette, Derry O'Brien, und Stefan Schaefer (2022). A New Indicator of Domestic Inflation for the Euro Area. *ECB Economic Bulletin* 4.

Hoffmann, Johannes, Hans-Albert. Leifer, und Andreas Lorenz. 2005. Index der wahrgenommenen Inflation oder EU-Verbraucherumfragen? *Wirtschaftsdienst* 85(11):706–714.

Priem, Maximilian, Alexander S. Kritikos, Octavio Morales, und Johanna Schulze Düding. 2022. Folgen der Inflation treffen untere Mittelschicht besonders: Staatliche Hilfspakete wirken nur begrenzt. *DIW Wochenbericht* 89(28):387–394.

Wie entsteht Inflation?

4

> Geldentwertung ist ein weitgehend unerwünschter makroökonomischer Zustand. Um ihn effektiv zu verhindern hilft es, die Entstehung von Inflation zu untersuchen. Die Analyse setzt an den fundamentalen Eigenschaften moderner Volkswirtschaften an. Wie in der Medizin, wo die Auswirkungen eines einzelnen infektiösen Erregers auf den gesamten Organismus betrachtet werden, versuchen ÖkonomInnen die Quellen von ansteckenden Preiserhöhungen zu identifizieren. Das Spektrum der Varianten ist zwar grundsätzlich begrenzt, die Bekämpfung inflationärer Prozesse wird dadurch allerdings keineswegs einfacher.

Insbesondere westliche Industriegesellschaften sind dezentral-marktwirtschaftlich organisiert. Die Preisbildung erfolgt mithin nicht hoheitlich, wie in sog. zentralverwalteten Volkswirtschaften, sondern auf einer Vielzahl von z. T. unverbundenen Einzelmärkten für physische Güter (z. B. Obst, Gemüse, Heizöl) und Dienstleistungen (z. B. Haarschnitte, Lieferdienste, Busfahrten). Letztendlich sorgt das Zusammenspiel von Angebot und Nachfrage nach den jeweiligen Produkten für einen (gleichgewichtigen) Preis, bei dem der größtmögliche mengenmäßige Umsatz realisiert werden kann.

Selbstverständlich sind die tatsächlichen Prozesse wesentlich komplexer als sie die sehr stark vereinfachten (theoretischen) Modelle abbilden, gleichwohl spiegeln diese die grundlegenden Zusammenhänge und Wirkungsmechanismen hinreichend präzise wider. Es ist daher in einem ersten Schritt zielführend, die Veränderungen auf beiden Marktseiten, Angebot und Nachfrage, als mögliche Quellen einer Inflation zu betrachten.

© Der/die Autor(en) 2023

H. Gischer et al., *Inflation in Deutschland und dem Euroraum – ein Überblick*, essentials,

https://doi.org/10.1007/978-3-658-40701-8_4

4.1   Die Ausgangslage (Situation 1)

Ein einfaches Marktmodell unterstellt, dass einzelne Unternehmen ihr mengenmäßiges Angebot zunächst an den Herstellkosten des jeweiligen Produktes orientieren. Je teurer sie ihre Güter und Dienstleistungen verkaufen können, desto größer ist ihre Bereitschaft zur Produktion. Es ist daher durchaus plausibel anzunehmen, dass mit steigenden Preisen die gesamte (geplante) Angebotsmenge **(aggregiertes Angebot)** auf einem Markt zunimmt. Der Kalkül der potenziellen Käufer eines Produkts orientiert sich ebenfalls an dessen Preis, freilich sind ihnen niedrige Ausgaben pro Einheit lieber als hohe. Folgerichtig wird unterstellt, dass die gesamten (geplanten) Kaufwünsche **(aggregierte Nachfrage)** mit sinkenden Preisen wachsen. Abb. 4.1 gibt den Ausgangszustand in einem idealen Modellmarkt wieder.

Auf der waagerechten Achse des Diagramms wird die Menge x des betrachteten Gutes in geeigneten Einheiten (z. B. Stück, kg, qm) wiedergegeben, die vertikale Achse misst den Preis pro Produkteinheit in der jeweils gültigen Währung (z. B. Euro/Stück). Die Gerade A_0 bildet den Verlauf des aggregierten Angebots in Abhängigkeit des jeweiligen Stückpreises ab, die aggregierte Nachfrage wird entsprechend durch die Gerade N_0 wiedergegeben. Die Indizes

Abb. 4.1 Die
Ausgangslage

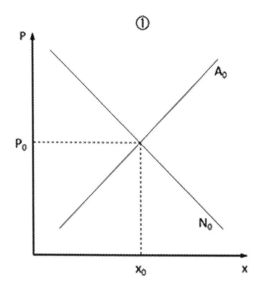

verdeutlichen, dass die Abbildung den Zustand eines Marktes zu einem ausgewählten Zeitpunkt t = 0 repräsentiert, sich die Gegebenheiten aber in einem
späteren Zeitpunkt verändert darstellen können. Der (geometrische) Schnittpunkt
der Geraden A_0 und N_0 kennzeichnet das Marktgleichgewicht: Beim Preis P_0
wird die (größte) Menge x_0 des betrachteten Produkts simultan (!) von den
Anbietern bereitgestellt und von den Nachfragern erworben. Die Angebots- und
Nachfragepläne aller Akteure haben sich also realisieren lassen.

Man beachte, dass in unserem Beispiel kein weiteres Gleichgewicht zwischen Angebot und Nachfrage existiert. Bei jedem höheren Preis als P_0 ist das
mengenmäßige Angebot größer als die entsprechende Nachfrage. Folgerichtig
werden nicht alle Produzenten bei einem derartigen Preis ihre Produkte erfolgreich verkaufen können. Im umgekehrten Fall, d. h. bei einem niedrigeren Preis
als P_0, wäre die angebotene Menge des betrachteten Gutes geringer als die
Nachfrage. Hier würden also Teile der Nachfrage ihre Kaufwünsche nicht befrie-
digen können. Die aus diesen Situationen folgenden Anpassungsreaktionen der
Marktteilnehmer weisen den Weg zur Erklärung der Entstehung von Inflation.

Dies gilt insbesondere dann, wenn wir anstelle eines einzelnen Marktes die
gesamte Volkswirtschaft eines Landes betrachten. Diese wird durch eine Vielzahl
von Märkten gebildet, auf denen nicht nur unterschiedliche Produkte gehandelt
werden, sondern die auch noch zusätzlich räumlich voneinander getrennt sind.
Folgerichtig weisen ähnliche Güter an unterschiedlichen Orten nicht zwingend
identische Preise auf. Der (lokale) Wohnungsmarkt ist ein illustratives Beispiel:
Die durchschnittlichen Mieten für Drei-Zimmer-Wohnungen mit mittlerer Aus-
stattung in Husum sind deutlich niedriger als in München. In der Gesamtschau
müssen also sehr viele Preisbewegungen auf den unterschiedlichsten Märkten
gemeinsam analysiert werden.

Der im vorangegangenen Kapitel beschriebene Warenkorb spiegelt diese
Vielfalt wider. Auf der Makroebene geht es mithin im Wesentlichen um das
(durchschnittliche) **Preisniveau** (bzw. den Preisindex) und weniger um Einzel-
preise. Interpretiert man in diesem Sinne P in Abbildung 1 als Preisniveau,
x als relevanten Warenkorb sowie A als gesamtwirtschaftliches Angebot (über
alle Märkte) und N als gesamtwirtschaftliche Nachfrage (nach allen Produkten),
dann handelt sich bei P_0 um das gleichgewichtige Preisniveau der betrachteten
Volkswirtschaft im Zeitpunkt t_0.

4.2   Anstieg der Nachfrage (Situation 2)

Sowohl die Nachfrage als auch das Angebot unterliegen ständigen Änderungen. Diese können etwa saisonal bedingt sein, nicht zuletzt landwirtschaftliche Produkte stehen regelmäßig nur in bestimmten Jahreszeiten zur Verfügung. Nachfrageseitig gilt ähnliches für Bekleidung; die jeweils stärker gewünschten Produkte differieren systematisch in Abhängigkeit der klimatischen Bedingungen. Langfristig hängen das gesamtwirtschaftliche Angebot sowie die aggregierte Nachfrage v. a. vom durchschnittlich verfügbaren Einkommen der Bevölkerung ab. Mit steigendem Wohlstand verändern sich die Konsumgewohnheiten ebenso wie die Qualitätsstandards für die gewünschten Produkte. Diese wiederum beeinflussen die Herstellkosten und die (aktuelle) Angebotspalette. Technisch verschieben sich die Angebots- und Nachfragekurven im bereits bekannten Preis-Mengen-Diagramm.

In Perioden mit tendenziell steigenden Einkommen, also Phasen, in denen eine Volkswirtschaft in der Nähe der Vollbeschäftigung produziert, mithin die Arbeitslosigkeit gering ist, und demgemäß relativ hohe Löhne gezahlt werden, nimmt regelmäßig die private Konsumnachfrage zu. Die Haushalte können sich, im wahrsten Sinne des Wortes, mehr leisten.

Die Abb. 4.2 veranschaulicht die neue Konstellation. Am (gesamtwirtschaftlichen) Angebot hat sich nichts geändert, die Nachfrage hat sich allerdings (nach rechts) in den Bereich größerer Mengen verschoben, da die Konsumenten bereit sind, auch höhere Preise für einzelne Produkte zu zahlen. Das neue Gleichgewicht entsteht im Schnittpunkt der Angebotskurve A_0 und der neuen Nachfragegeraden N_1. Das Preisniveau ist im Ergebnis von P_0 auf P_1 gestiegen, die zusätzliche Nachfrage hat also zu Inflation geführt. Da die Anbieter aber auch zu höheren Herstellkosten ihre Produkte haben verkaufen können, hat sich parallel das Absatzvolumen von x_0 auf x_1 ebenfalls erhöht.

Freilich sind Situationen denkbar, in denen (kurzfristig) die Angebotsmengen einzelner Güter nicht ausgedehnt werden können, weil die Produktionskapazitäten bereits vollkommen ausgelastet sind (**starres Angebot**). In diesem Fall entstehen entweder Warteschlangen oder nur die besonders zahlungswilligen (bzw. zahlungsfähigen) Nachfrager kommen zum Zuge. Dadurch nimmt der Druck auf die Preise zu, d. h. die Inflation wird verstärkt, ohne dass die insgesamt abgesetzte Produktmenge zunimmt. Ein sehr ähnliches Phänomen kann auf sog. „Schwarzmärkten" für Eintrittskarten von öffentlichen Veranstaltungen (Sportevents, Konzerte u. ä.) beobachtet werden. Gesamtwirtschaftlich nimmt die Gefahr hoher Inflationsraten mit der durchschnittlichen **Kapazitätsauslastung** der gewerblichen Wirtschaft und des Dienstleistungssektors zu.

Abb. 4.2 Anstieg der
Nachfrage

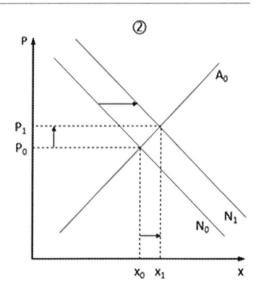

4.3 Rückgang des Angebots (Situation 3)

Mit dem Problem drastisch reduzierter Angebotsmengen für nachgerade lebens-
wichtige Rohstoffe sind viele westliche Volkswirtschaften in den 1970er Jahren
konfrontiert worden. Die OPEC hatte, wie Russland im Frühjahr 2022, das von ihr
geförderte Rohöl als politisches Instrument entdeckt und den Export in Drittlän-
der massiv eingeschränkt **(adverser Angebotsschock)**. Die Auswirkungen dieser
Maßnahme haben in zahlreichen Ländern zu z. T. schmerzhaften Konjunkturein-
brüchen geführt und (nicht nur) die Preise für Erdölprodukte (z. B. Kraft- und
Kunststoffe) drastisch erhöht.

In Abb. 4.3 hat sich das Angebot im Vergleich zur Ausgangssituation A_0 in
den Bereich niedrigerer Mengen (nach links) auf A_1 verschoben. Die Nachfrage
ist (annahmegemäß) unverändert geblieben. Durch die eingetretene Knappheit
ist das betrachtete Produkt (relativ) wertvoller geworden, allerdings können sich
auch nur weniger KonsumentInnen mit entsprechender Zahlungsbereitschaft dieses Gut leisten. Das sich ergebende Gleichgewicht ist charakterisiert durch einen
Preis(niveau)anstieg von P_0 auf P_2, die umgesetzte Menge sinkt von x_0 auf x_2.
Bei (kurzfristig) gegebenem gesamtwirtschaftlichem Einkommen können folglich
mit einsetzender Inflation insgesamt weniger Güter erworben werden, wodurch
negative Anpassungseffekte auch auf Märkte ausstrahlen können, die von der

Abb. 4.3 Rückgang des
Angebots

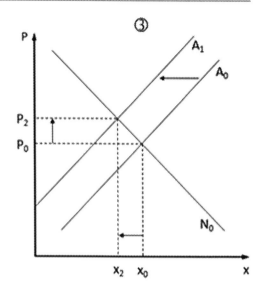

initialen Angebotseinschränkung gar nicht unmittelbar betroffen waren. Allerdings kann der Inflationsdruck zumindest teilweise gemildert ausfallen, wenn
sich NachfragerInnen alternativen Produkten zuwenden, die als **Substitute** für
die knapper gewordenen Güter verwendbar sind.

4.4   Rückgang des Angebots ohne Substitutionsalternative (Situation 4)

Nicht zuletzt in globalen politischen oder wirtschaftlichen Krisen offenbart sich
sehr schnell, dass zahlreiche vornehmlich auf internationalen Märkten gehandelte
Güter nicht unmittelbar durch Alternativen angemessen ersetzt werden können.
Der Bedarf an diesen Produkten ist (nicht nur) kurzfristig weitgehend konstant
(**starre Nachfrage**), in unserer „Diagrammwelt" verläuft die Nachfragegerade N_2
in einer derartigen Situation relativ steil (vgl. Abb. 4.4).

Man erkennt unmittelbar, dass der Preisanstieg von P_0 auf P_3 ausgesprochen
heftig ausfällt, aufgrund der ökonomischen Wichtigkeit des betrachteten Gutes
nimmt der mengenmäßige Umsatz von x_0 auf x_3 nur wenig ab. Je größer der
Anteil ist, in dem derartig existenzielle Güter in einer Volkswirtschaft unerwartet entweder in stark verringertem Umfang oder nur noch zu sehr hohen

Abb. 4.4 Rückgang des
Angebots ohne
Subsitutionsalternative

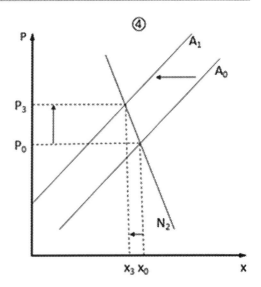

Preisen verfügbar sind, desto stärker fällt der Inflationsschub aus. Die konjunkturellen Einbrüche sind erfahrungsgemäß heftig und nicht selten andauernd. Die bereits erwähnten Ölkrisen oder der jüngste Russland-Ukraine-Konflikt sind beredte Beispiele für die bisweilen dramatischen Folgen systemischer Abhängigkeiten von (fossilen) Rohstoffen oder grenzüberschreitenden Lieferketten. Während Preise, und damit die Inflation, sehr schnell reagieren, erfordern preisinduzierte Mengenanpassungen beträchtliche Zeit, etwa zur Modifizierung von Produktionsverfahren oder zur Suche nach alternativen Vorprodukten.

4.5   Von der Theorie zur Praxis

In der (wirtschafts-)politischen Diskussion dominiert die Auseinandersetzung mit dem Inflationsphänomen auf der Endverbraucher-Ebene, z. B. über den Harmonisierten Verbraucherpreisindex (HVPI), der im vorangegangenen Kap. 3 ausführlich beschrieben wurde. In dieser Größe schlagen sich letztendlich alle vorgelagerten Preisanpassungen nieder, die näher an der unmittelbaren Güterproduktion bzw. deren Bereitstellung auf lokalen (Inlands-)Märkten liegen.

Die deutsche Volkswirtschaft kann nur auf sehr wenige produktionsrelevante heimische Rohstoffe zurückgreifen. Diese müssen vielmehr in den unterschiedlichsten Regionen des Globus beschafft und mit z. T. sehr hohen Transportkosten importiert werden. Zudem konkurrieren heimische Unternehmen auf internationalen Märkten regelmäßig mit einer Vielzahl ausländischer Nachfrager um knappe Ressourcen, die nicht selten nur von sehr wenigen Anbietern bereitgestellt werden. Wie schon im Zusammenhang mit der OPEC-Strategie der 1970er Jahre angedeutet, sind auch in jüngerer Zeit begehrte Rohstoffe als politische Druckmittel missbraucht worden, mit für die Abnehmer negativen Auswirkungen auf die Weltmarkt-Preise.

Um den Einfluss dieser außenwirtschaftlichen Komponente auf das inländische Preisniveau abzubilden, kann der Index der Einfuhrpreise herangezogen werden (vgl. Abb. 4.5, gestrichelte Linie).

In den vergangenen zwei Dekaden hat sich der Index unter erkennbaren Schwankungen nur moderat verändert. Zu Beginn des Jahres 2020 lag sein Wert auf dem beinahe identischen Niveau von Anfang 2010. Die Situation hat sich seit dem Frühjahr 2021 schlagartig geändert, der Index der Einfuhrpreise ist gleichsam explodiert und um beinahe 50 Punkte gestiegen. Ein Blick auf

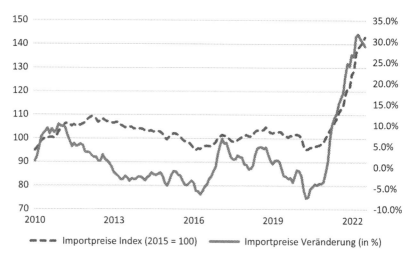

Abb. 4.5 Entwicklung der Einfuhrpreise. (Quelle: Eigene Berechnungen und Deutsche Bundesbank (2022))

die Veränderungsraten im Jahresvergleich verdeutlicht die extreme Umkehr der Verhältnisse (siehe Abb. 4.5, durchgezogene Linie).

Noch im April 2020 waren die Importpreise im Durchschnitt fast 7,5 % niedriger als im Vorjahresmonat, nur zwei Jahre später kosteten Einfuhren nach Deutschland im Mittel bereits knapp ein Drittel mehr als im April 2021. Da diese Preissteigerungen in nennenswertem Umfang an die Endverbraucher weitergegeben werden, spricht man auch von **„importierter Inflation"**, der die inländische Wirtschaft zumindest in der kurzen Frist weitgehend hilflos ausgeliefert ist.

Sofern physische Güter oder Dienstleistungen aus Nicht-Euroländern bezogen werden, können positive Änderungen des Euro-Wechselkurses gegenüber Fremdwährungen (**Aufwertungen**) importierte Preissteigerungen im Vorfeld begrenzen oder im besten Fall kompensieren. Auf vielen globalen Märkten werden Lieferkontrakte in US-Dollar fakturiert, die Entwicklung des Euro-US-Dollar-Wechselkurses ist mithin von besonderer Bedeutung (vgl. Abb. 4.6).

Im längerfristigen Trend seit 2010 hat der Euro gegenüber dem US-Dollar beinahe kontinuierlich abgewertet, d. h. in US-Dollar denominierte Importe sind ohne Preisänderungen auf den Weltmärkten allein durch den Kursverlust teurer geworden. Freilich waren seitdem auch Zwischenphasen beobachtbar, in denen die deutschen Verbraucher von temporären Aufwertungen profitiert haben. Seit

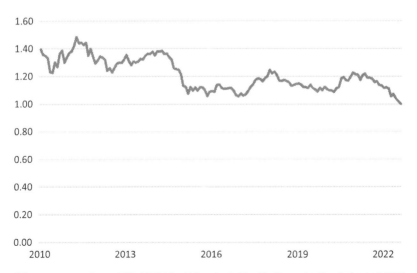

Abb. 4.6 Wechselkurs (USD/EUR) im Zeitverlauf. (Quelle: Deutsche Bundesbank (2022))

Mitte 2020 hat der Euro allerdings mehr als 15 % an Kaufkraft gegenüber dem US-Dollar verloren, wodurch die belastenden Preisbewegungen auf den internationalen Produktmärkten noch zusätzlich verstärkt wurden. Es steht damit außer Frage, dass die Inflation der 2020er Jahre in Deutschland in großen Teilen tatsächlich auslandsgetrieben ist.

Geldwertstabilität sichern

5

▷ Die Stabilität des Geldwertes ist von überragender Bedeutung für eine funktionierende Marktwirtschaft und gehört daher zu den zentralen Zielen der Wirtschaftspolitik. Wie kann die Stabilität des Geldwertes gesichert werden? Welche Rolle spielen dabei insbesondere die Notenbanken mit ihrer Geldpolitik? Und was sind die Nebeneffekte einer Politik stabiler Preise? Kann Geldwertstabilität schädlich für die „Gesundheit" einer Volkswirtschaft sein?

5.1 Das Konzept der Geldwertstabilität und die Kosten der Inflation

Geld erfüllt in einer modernen arbeitsteiligen Volkswirtschaft wichtige Aufgaben als Zahlungsmittel, Wertaufbewahrungsmittel und als Recheneinheit. Diese Funktionen kann das Geld nur dann optimal erfüllen, wenn sein Wert stabil ist. Geldwertstabilität ist gegeben, wenn sich das Preisniveau nicht ändert, also die Güterpreise im Durchschnitt stabil sind. In dieser Situation bleibt die Kaufkraft des Geldes über die Zeit erhalten. Geldwertstabilität ist somit gleichbedeutend mit Preisniveaustabilität (siehe auch Kap. 3).

Preisniveau und Geldwert entwickeln sich immer gegenläufig. Bei steigendem Preisniveau können die Menschen für einen gegebenen Geldbetrag nur noch weniger Güter und Dienstleistungen kaufen. Je höher das Preisniveau ist, desto geringer ist also der Wert des Geldes.

Preisniveaustabilität bedeutet nicht, dass alle Preise in einer Volkswirtschaft konstant bleiben (sollen). Es ist im Gegenteil für das Funktionieren einer

© Der/die Autor(en) 2023
H. Gischer et al., *Inflation in Deutschland und dem Euroraum – ein Überblick*, essentials,
https://doi.org/10.1007/978-3-658-40701-8_5

Marktwirtschaft von zentraler Bedeutung, dass sich die einzelnen Güterpreise entsprechend der relativen Knappheiten ändern. So signalisiert der steigende Preis
für ein Produkt, dass dieses knapper geworden ist. Die Nachfrager werden weniger von dem teurer gewordenen Produkt nachfragen, die Anbieter entsprechend
ihr Angebot ausweiten. Insgesamt passt sich so die Produktion den veränderten
Nachfrageverhältnissen an, und der Nachfrageüberhang wird abgebaut. Solche
Änderungen der relativen Preise gleichen sich bei einem stabilen Preisniveau im
Durchschnitt aus.

Inflation, also ein allgemeiner Anstieg der Preise, verursacht eine Reihe
ganz unterschiedlicher gesamtwirtschaftlicher Kosten. Die Vorteile der Geldwertstabilität liegen darin, dass diese Kosten vermieden werden. Dies gilt im
Wesentlichen analog für einen Rückgang des Preisniveaus, also einer Deflation.
Zu den wesentlichen Kosten der Inflation gehören i) die Beeinträchtigung des
Preismechanismus, dem zentralen Steuerungsmechanismus in einer Marktwirtschaft, ii) die unerwünschte Umverteilung von Einkommen und Vermögen sowie
iii) die direkten Kosten für die Anpassung von Preisen.

Beeinträchtigung des Preismechanismus

Unter Preisniveaustabilität signalisiert ein höherer Preis, dass ein Produkt knapper
geworden ist. Unter Inflation ist aber unklar, welche Information in einem höheren
Preis steckt. Ist das Produkt tatsächlich knapper geworden? Oder ist der höhere Pro-
duktpreis Teil des allgemeinen Preisanstiegs und an den realen Marktverhältnissen
hat sich gar nichts geändert? Im ersten Fall wäre eine Ausweitung der Produktion
angemessen, im zweiten dagegen nicht. Vor allem wenn Inflation unerwartet auf-
tritt, erhöht sich diese Unsicherheit und damit das Risiko bei Investitionen. Diese
werden möglicherweise verschoben oder ganz unterlassen.

Inflation verzerrt somit die Informationsfunktion von Preisen und beeinträchtigt
den Preis- und Marktmechanismus. Geld soll als Recheneinheit Maßstab bei der
Messung wirtschaftlicher Transaktionen sein. Es ist damit vergleichbar mit anderen
Maßeinheiten wie dem Urmeter bei der Längenmessung. Der Vorteil solcher allge-
mein gebräuchlichen Maßeinheiten liegt offensichtlich in ihrer Verlässlichkeit. Die
Folgen eines geänderten Preisniveaus für die Wirtschaft lassen sich somit durch-
aus mit den negativen Wirkungen vergleichen, die eine veränderte Definition des
Urmeters oder anderer Maßeinheiten für Technik und Naturwissenschaften hätten.

Ungeplante Umverteilung von Einkommen und Vermögen

Unerwartete Inflation und die damit einhergehende Unsicherheit macht sich vor
allem bei längerfristigen Verträgen negativ bemerkbar, etwa bei Tarif- und Kreditverträgen. Steigt das Preisniveau beispielsweise schneller als bei Abschluss eines

Tarifvertrags angenommen wurde, so ergibt sich für die Arbeitnehmer:innen ein geringerer Reallohn als ursprünglich beabsichtigt worden war. Faktisch bedeutet dies offensichtlich eine willkürliche, weil nicht leistungsbezogene Umverteilung von den Lohn- zu den Gewinneinkommen. Auch bei Kreditverträgen wird die erwartete Inflation berücksichtigt. Der vereinbarte Kreditzins erhöht sich im Ausmaß der erwarteten Inflation, um den Kaufkraftverlust über die Laufzeit zu kompensieren (**Fisher-Effekt**). Im Falle einer unerwartet hohen Inflation sinkt der Realzins, es kommt also zu einer willkürlichen Umverteilung zugunsten der Schuldner (Kreditnehmer:innen) und zu Lasten der Gläubiger (Kreditgeber:innen). Da höhere Inflationsraten meist auch stärker schwankende Inflationsraten bedeuten, nimmt bei Inflation meist auch die Bereitschaft zu Verträgen mit längerer Laufzeit ab. Darunter leiden vor allem risikoreichere Investitionen.

Neben dieser Umverteilung zwischen privaten Akteuren kommt es unter Inflation auch zu einer Umverteilung von privaten Haushalten und Unternehmen zugunsten des Staats. Da Bargeld unverzinslich ist, kann ein inflationsbedingter Kaufkraftverlust nicht über eine entsprechend höhere Verzinsung ausgeglichen werden. Inflation wirkt wie eine Steuer auf Bargeld, die sogenannte **Inflationssteuer**. Zusätzlich bewirkt das Steuersystem unter Inflation ebenfalls eine Umverteilung zugunsten des Staates. Wenn etwa in einer Situation die nominalen Einkommen entsprechend der Inflation zunehmen, bleiben offensichtlich die realen Einkommen unverändert. Dennoch werden die nominalen Einkommenszuwächse in der Einkommensteuer wie erhöhte Realeinkommen behandelt und entsprechend besteuert. Ist die Einkommensteuer progressiv ausgestaltet, wie das in vielen Ländern der Fall ist, verschärft sich dieser Effekt noch (kalte Progression).

Kosten der Preisanpassung
Ganz offensichtlich fallen bei Inflation auch immer direkt Kosten an, wenn die einzelnen Güterpreise angepasst werden. Bei steigendem Preisniveau werden Unternehmen und Haushalte alle nominalen Preise laufend anpassen, um den realen Wert der Produkte und damit der Einnahmen zu erhalten. Diese sogenannten **Speisekarten-Kosten (Menu costs)** fallen etwa an für neue Speisekarten (engl. menu), Kataloge, Preislisten und die Preisauszeichnungen im Einzelhandel. Um die Inflationssteuer auf Bargeld zu mindern, werden private Haushalte auch weniger Bargeld halten, womit die Abwicklung von Zahlungen aufwendiger werden kann. In diesem Zusammenhang wird auch von sogenannten **Schuhsohlen-Kosten** der Inflation gesprochen, also Kosten, die bildlich gesprochen für häufigere Bankbesuche und ein aufwendigeres Management von Zahlungen anfallen. Speisekarten-

und Schuhsohlen-Kosten mögen in Ländern mit niedriger Inflation nur von untergeordneter Bedeutung sein, können aber in Ländern mit hoher Inflation oder gar Hyperinflation ganz erheblich sein.

5.2 Rolle der (Europäischen) Geldpolitik

Aufgrund ihrer überragenden Bedeutung für die effiziente Funktionsfähigkeit einer Marktwirtschaft zählt Preisniveaustabilität in vielen Ländern zu den zentralen Zielen der Wirtschaftspolitik. In der Bundesrepublik Deutschland etwa wurde ein stabiles Preisniveau erstmals im Jahr 1967 im Rahmen des Stabilitäts- und Wachstumsgesetzes als Teil des sogenannten Magischen Vierecks vorgegeben, in der Europäischen Union im Rahmen von Art. 3 EUV festgelegt. Besonders ist dabei, dass spezialisierte Institutionen beauftragt werden, nämlich die Notenbanken (ein anderes Wort ist Zentralbanken), um dieses Ziel zu erreichen. Sie sollen mit ihrer Geldpolitik für stabile Preise sorgen.

Geldpolitik als Nachfragepolitik
Notenbanken verfügen zwar über eine Vielzahl geldpolitischer Instrumente, um das Ziel der Geldwertstabilität zu verfolgen. Allerdings können sie mit ihrer Geldpolitik direkt nur die Güternachfrage beeinflussen, dagegen nicht das Güterangebot (siehe Kap. 4). Bei (zu) hoher Inflation können Notenbanken versuchen, mit einer restriktiven Geldpolitik die Güternachfrage von privaten Haushalten, Unternehmen, des Staates und des Auslandes zu dämpfen. Entsprechend ist bei (zu) niedriger Inflation bzw. Deflation angezeigt, die Güternachfrage im Rahmen einer expansiven Geldpolitik anzuregen.

Die geldpolitischen Maßnahmen werden über verschiedene Transmissionsmechanismen auf die wirtschaftlichen Akteure übertragen. Dabei können insbesondere der sogenannte Zinskanal und der Kreditkanal unterschieden werden. Der Zinskanal erfasst, wie sich durch eine restriktive Geldpolitik die Finanzierungsbedingungen verschlechtern und insbesondere die Kreditzinsen steigen. Kreditfinanzierte Investitionen werden teurer und sind möglicherweise nicht mehr rentabel, viele private Haushalte können sich Konsum auf Pump nicht mehr leisten. Regierungen müssen unter Umständen Staatsausgaben kürzen, um den gestiegenen Schuldendienst leisten zu können. Ein höheres Zinsniveau kann auch zu einer Aufwertung der heimischen Währung führen, verbunden mit einer schlechteren Wettbewerbsfähigkeit der heimischen Unternehmen und einer geringeren Exportnachfrage des Auslands. Geldpolitik wirkt auch über den sogenannten Kreditkanal, also die Vergabe von

Bankkrediten. Wenn etwa die Zinsen steigen, sinkt der Wert von Unternehmen und damit die Möglichkeit, Sicherheiten für Bankkredite zu hinterlegen. Entsprechend kann sich bei höheren Zinsen die Liquidität von privaten Haushalten verschlechtern und sich das Risiko von finanziellen Notlagen erhöhen, sodass sie weniger neue Kredite nachfragen.

Bei der Umsetzung der Geldpolitik wägen Notenbanken, wie andere wirtschaftspolitische Akteure auch, Kosten und Nutzen ihrer Maßnahmen ab. Dabei haben sie typischerweise eine Reihe von trade-offs und Nebenwirkungen ihrer Politik zu berücksichtigen. Vergleichsweise einfach ist die Geldpolitik, wenn Inflation nachfragegetrieben ist. In diesem Falle gehen Preissteigerungen mit einer guten konjunkturellen Lage einher bzw. werden von der guten Konjunkturlage getrieben. Eine restriktive Geldpolitik kann dann den allgemeinen Preisanstieg dämpfen und der damit einhergehende Rückgang der Güternachfrage ist wegen der guten konjunkturellen Lage meist wenig problematisch.

Sehr viel schwieriger und komplexer ist die Situation im Fall eines negativen Angebotsschocks, etwa einem starken Anstieg der Energiepreise wie bei den beiden Ölpreisschocks in den 1970er Jahren und bei Russlands Überfall auf die Ukraine im Jahr 2022. In solchen Situationen kann es zu einer Stagflation kommen, also hoher Inflation bei stagnierender wirtschaftlicher Entwicklung. Bekämpft die Notenbank dann die Inflation mit einer restriktiven Geldpolitik, ist eine weitere Verschlechterung der konjunkturellen Lage mit einem Rückgang der Produktion und einem Anstieg der Arbeitslosigkeit wahrscheinlich. Der damit verbundene Zielkonflikt ist für eine Notenbank wie der US-amerikanischen Fed, die sowohl das Ziel stabile Preise als auch das Ziel hohe Beschäftigung anstreben soll, besonders offensichtlich. Aber auch eine Notenbank mit dem vorrangigen Ziel Preisniveaustabilität wie die EZB wird die konjunkturellen Wirkungen ihrer Politik im Auge haben.

Geldpolitische Strategie

Grundsätzlich sind Notenbanken in der Lage, mit ihren geldpolitischen Instrumenten die Kredit- und Finanzierungsbedingungen und damit die Güternachfrage so zu steuern, dass das Preisniveau stabil bleibt. Allerdings ergeben sich in der geldpolitischen Praxis eine Reihe praktischer Probleme. So lassen sich die vielen Millionen unabhängig dezentral agierender privater Haushalte und Unternehmen in einer Marktwirtschaft nicht direkt mechanistisch steuern. Stattdessen wirkt die Geldpolitik nur indirekt über die Veränderung finanzieller Rahmenbedingungen und mit einer gewissen Zeitverzögerung (Lag), die zudem noch je nach wirtschaftlicher Situation unterschiedlich lang dauern kann. In dieser Situation kann eine Notenbank versuchen, mit einer regelorientierten Politik die Wirkungen ihrer Geldpolitik

zu verstetigen. Bekannte Beispiele sind die frühere Geldmengenregel der Deut-
schen Bundesbank und das heute weit verbreitete sogenannte **Inflation Targeting**
(Verfolgen eines Inflationsziels), dem auch die EZB zu folgen scheint.
Das Inflation Targeting, das eigentlich ein Inflation Expectation Targeting ist,
betont die Rolle von Inflationserwartungen für die Preisentwicklung. Erwarten
Haushalte und Unternehmen zukünftig eine höhere Inflation, so werden länger laufende Verträge, etwa Tarif- und Kreditverträge, entsprechend schon heute angepasst.
Die vereinbarten Tariflöhne fallen höher aus, und es werden höhere Kreditzinsen
fällig. Inflationserwartungen können sich also wie selbsterfüllende Prophezeiungen
unmittelbar in der aktuelle Inflationsentwicklung niederschlagen.

Im Rahmen des Inflation Targetings richtet die Notenbank ihre Geldpolitik an
den Inflationserwartungen der Marktteilnehmer:innen aus. Erwartet „der Markt"
zukünftig eine höhere Inflationsrate als der Zielwert der Notenbank, im Falle der
EZB also 2 %, dann erhöht die Notenbank die Zinsen, die Geldpolitik wird restrik-
tiver. Liegen die Inflationserwartungen unter dem Zielwert, wird die Geldpolitik
entsprechend expansiver. Auf diese Weise sollen die Inflationserwartungen am
Zielwert „verankert" und die Kosten der Inflationsbekämpfung niedrig gehalten
werden.

5.3   Geldwertstabilität und andere wirtschaftspolitische Ziele

Angesichts der vielfältigen negativen Wirkungen von Inflation und Deflation kann
es nicht überraschen, dass heute große Übereinstimmung über die Vorteile des
Ziels Geldwertstabilität besteht. Umso mehr überrascht dann aber, dass in kei-
nem Land Geldwertstabilität tatsächlich dauerhaft erreicht wird und in manchen
Ländern sogar Hyperinflationen zu beobachten waren. Selbst die anscheinend
so stabilitätsbewusste Deutsche Bundesbank hat über fünfzig Jahre hinweg eine
durchschnittliche Inflationsrate von rund 3 % toleriert, sodass die D-Mark zwischen 1948 und 1998 rund zwei Drittel ihrer realen Kaufkraft verlor, von einer
D-Mark nach dieser Zeit also real nur noch rund 30 Pfennige übriggeblieben
waren.

Während also die Vorteile der Geldwertstabilität in Wissenschaft und Wirtschaftspolitik unbestritten sind, besteht Uneinigkeit darüber, inwieweit eine
Politik der Geldwertstabilität andere wirtschaftspolitische Ziele gefährdet. Gibt es
also Konflikte zwischen Preisniveaustabilität und anderen wirtschaftspolitischen

Zielen? Führt etwa mehr Geldwertstabilität zu mehr Arbeitslosigkeit? Während der mögliche Zielkonflikt zwischen Preisniveau und Beschäftigung schon lange die wirtschaftspolitische Debatte prägt, wird in neuerer Zeit auch intensiv diskutiert, inwieweit eine an der Geldwertstabilität orientierte Geldpolitik mit Finanzmarktstabilität und dem Kampf gegen den Klimawandel vereinbar sei. Damit eng verbunden ist auch die Diskussion, ob die Aufgaben von Notenbanken auf diese Ziele erweitert werden sollten.

Geldwertstabilität und Beschäftigung
Der Zusammenhang zwischen Geldwertstabilität und Beschäftigung wird in Wissenschaft und Wirtschaftspolitik meist im Rahmen des sogenannten Phillips-Kurven-Ansatzes diskutiert (benannt nach dem englischen Ökonomen Alban Phillips). In seiner einfachsten Form suggeriert er, dass zwischen Geldwertstabilität und Beschäftigung ein negativer Zusammenhang besteht und dass die Wirtschaftspolitik die wünschenswerte Kombination von Inflation und Beschäftigung wählen kann. Der spätere Bundeskanzler Helmut Schmidt hat diese Sichtweise im Wahlkampf 1972 popularisiert: „Mir scheint, dass das deutsche Volk – zugespitzt – 5 % Preisanstieg eher vertragen kann als 5 % Arbeitslosigkeit". Nach dieser Sichtweise ist Arbeitslosigkeit der Preis, den eine Gesellschaft für einen stabilen Geldwert zahlen muss.

Diese Sichtweise gilt spätestens seit den Ölpreisschocks von 1973/74 und 1979/80 als empirisch überholt. In den Industrieländern war kein Trade-off mehr zwischen Inflation und Arbeitslosigkeit zu beobachten. Unter den negativen Angebotsschocks herrschte Stagflation vor, also hohe Inflation und gleichzeitig hohe Arbeitslosigkeit bei stagnierender Wirtschaftstätigkeit.

Die moderne Form der Phillips-Kurve unterscheidet zwischen einerseits der langfristigen senkrechten Phillips-Kurve auf dem Niveau der sogenannten natürlichen Arbeitslosigkeit sowie andererseits der kurzfristigen negativ geneigten Phillips-Kurve und betont die Rolle von Erwartungen (vgl. Friedman (1968)). Sie ist damit eng mit dem Konzept der langfristig senkrechten und kurz- bzw. mittelfristig positiv geneigten Güterangebotskurve verbunden. Entsprechend unterscheiden sich die Wirkungen der Geldpolitik in der kurzen und mittleren Frist, die geprägt ist von rigiden Preisen, von denen in der langen Frist mit flexiblen Preisen. In der kurzen Frist wirkt eine expansive Geldpolitik positiv auf die wirtschaftliche Entwicklung und damit auf die Beschäftigung. In der langen Frist führt die höhere Beschäftigung zu höheren Löhnen und damit verschlechterten Angebotsbedingungen. Letztlich steigt die Arbeitslosigkeit wieder auf das natürliche Niveau bei jetzt höherem Preisniveau. Eine expansive Geldpolitik kann somit die Arbeitslosigkeit nicht dauerhaft unter das natürliche Niveau absenken, sondern „verpufft" in Inflation.

Insgesamt besteht die Kunst der Geldpolitik letztlich darin, das langfristige Ziel der Geldwertstabilität mit kurzfristigen Politikzielen, wie der konjunkturellen Stabilisierung, zu vereinbaren. Grundsätzlich sollten Notenbanken – ihrem gesetzlichen Auftrag folgend – ihre Politik am Ziel der Geldwertstabilität orientieren und keine aktive Beschäftigungspolitik anstreben. Dies muss aber nicht ausschließen, dass die Geldpolitik konjunkturelle Schocks zu dämpfen versucht. Prinzipiell kann die Notenbank im Falle vorübergehender Nachfrageschocks ihre kurz- und mittelfristigen Konjunkturziele erreichen, ohne das Primärziel der Geldwertstabilität zu gefährden. Allerdings wird sie bei der praktischen Umsetzung ihrer Politik mit vielen Schwierigkeiten konfrontiert. So kann sich die Geldpolitik insbesondere nicht auf einen stabilen Zusammenhang zwischen Inflation und Arbeitslosigkeit stützen.

Geldwertstabilität und Wirtschaftswachstum

Die Leistungsfähigkeit einer Wirtschaft wird wesentlich von realen Faktoren bestimmt, wie Anzahl und Ausbildungsstand der Arbeitskräfte, Bestand und Qualität des Sachkapitals sowie technologischem Wissen. Welche Rolle könnte dabei die (fehlende) Geldwertstabilität spielen? Die wissenschaftliche und politische Diskussion betont heute vor allem die zentrale Rolle angemessener makroökonomischer Rahmenbedingungen für den wirtschaftlichen Entwicklungsprozess. Eine an Geldwertstabilität orientierte Geldpolitik kann dazu beitragen, ein stabiles gesamtwirtschaftliches Umfeld zu sichern. Umgekehrt verursacht Inflation makroökonomische Unsicherheit und kann so das wirtschaftliche Wachstum bremsen.

Inflation beeinträchtigt die Wirtschaftsentwicklung vor allem über die damit einhergehende Unsicherheit bei wirtschaftlichen Entscheidungen. Dadurch werden besonders langfristig wirksame Entscheidungen wie Investitionen in Sachkapital sowie in Forschung und Entwicklung negativ betroffen. Das Wirtschaftswachstum fällt aufgrund der geringeren Sachkapitalbildung und einer niedrigeren Rate des technischen Fortschritts schwächer aus. Die bei hohen Inflationsraten teilweise zu beobachtende Flucht in die Sachwerte führt zwar zu hohen Sachinvestitionen, die allerdings durch eine geringe Effizienz gekennzeichnet sind (Fehlallokation von Ressourcen).

Diese Effekte werden noch verstärkt, wenn Investoren Inflation als ein Signal für die allgemein fehlende Stabilitätsorientierung der Wirtschaftspolitik interpretieren. So könnte Inflation nicht nur ein Indiz für eine problematische Geldpolitik, sondern auch ein Indikator für zukünftige Probleme in der Fiskalpolitik sein.

Die negativen Wirkungen von Inflation sind vor allem in Phasen hoher Inflationsraten, insbesondere bei Hyperinflationen, offenkundig und können massive Kosten verursachen. Empirische Untersuchungen belegen, dass sich hohe Inflationsraten von über 10 % negativ auf das wirtschaftliche Wachstum auswirken (vgl.

etwa Barro 1996) Ein typisches Ergebnis dieser Untersuchungen ist, dass mit einem Anstieg der Inflationsrate um zehn Prozentpunkte ein Rückgang der Wachstumsrate um 0,2 bis 0,3 Prozentpunkte einhergeht. Solche Wachstumseinbußen mögen zunächst nicht sehr groß erscheinen, sie können aber im Zeitablauf durch kumulierende Effekte erhebliche reale Wirkungen verursachen. Für niedrige Inflationsraten liefern die Regressionsanalysen meist keine eindeutigen Ergebnisse. Möglicherweise sind die angewandten Untersuchungsansätze aber auch nicht differenziert genug, um den Einfluss der Inflation auf das Wirtschaftswachstum von der Wirkung anderer Faktoren zu unterscheiden.

Geldwertstabilität und Finanzmarktstabilität
Der Finanzsektor erfüllt wichtige Aufgaben in einer arbeitsteiligen Wirtschaft. Er

- stellt Geld und wichtige Dienstleistungen im Bereich Zahlungsverkehr bereit (Geldfunktion),
- leitet Finanzmittel über den Brückenschlag zwischen Sparer:innen und Investor:innen in die Verwendung mit dem höchsten wirtschaftlichen Nutzen (Allokationsfunktion),
- stellt effiziente Instrumente des Risikomanagements bereit (Versicherungsfunktion).

Finanzmärkte sind durch erhebliche Instabilitäten und systemische Risiken geprägt und gehören zu den am intensivsten regulierten Märkten. Ziel ist dabei die Finanzmarktstabilität, mithin eine Situation, in der das Finanzsystem, also Finanzinstitute, Finanzmärkte und Finanzmarktinfrastruktur, auch bei finanziellen Ungleichgewichten und negativen Schocks seine wesentlichen makroökonomischen Funktionen erfüllt.

In vielen Ländern ist die Notenbank nicht nur mit ihrer Geldpolitik dem Ziel der Geldwertstabilität verpflichtet, sondern soll über die Regulierung des Bankensektors für Finanzmarktstabilität sorgen. Im Euroraum beaufsichtigt die Europäische Zentralbank seit dem Jahr 2014 im Rahmen des sogenannten einheitlichen europäische Aufsichtsmechanismus **(Single Supervisory Mechanism – SSM)** direkt die wichtigsten Großbanken der Euro-Länder und mittelbar zusammen mit den nationalen Aufsichtsbehörden auch die übrigen Banken.

Können durch diese Doppelfunktion der EZB als Notenbank und Bankaufsichtsbehörde Probleme für das Ziel der Geldwertstabilität entstehen? Langfristig besteht zwischen Geld- und Finanzmarktstabilität grundsätzlich kein Zielkonflikt, sondern Zielharmonie. Mit einem stabilen Preisniveau entfällt eine wichtige Quelle für makroökonomische Unsicherheit, was sich auch stabilisierend auf die Finanzmärkte auswirkt. Umgekehrt erleichtert Finanzmarktstabilität die Geldpolitik.

Kurz- und mittelfristig können dagegen durchaus Zielkonflikte zwischen Geld- und Regulierungspolitik auftreten. Dies gilt insbesondere, wenn es durch Schocks zu Instabilitäten im Finanzsektor kommt, wie während der Großen Finanzkrise und der Euro-Staatsschulden- und Bankenkrise. Die Notenbank kann sich dann in ihrer Funktion als „lender of last resort" gezwungen sehen, einzelne Finanzinstitute mit Hilfe von Liquiditätshilfen zu stabilisieren oder gar mit einer generell expansiveren Geldpolitik und niedrigeren Zinsen den Finanzsektor und die Wirtschaft insgesamt zu stützen. Gerade die Erfahrungen im Euroraum zeigen, wie schwer sich die EZB (und andere Notenbanken) damit tun, den Krisenmodus und die selbstgewählte Rolle als „Retter" wieder zu verlassen. Unter der Maxime „Diese Mal ist alles anders" (this time is different) lassen sich in der geldpolitischen Praxis immer wieder mehr oder weniger gute Gründe finden, warum es gerade jetzt keine gute Idee ist, einen expansiven Krisenmodus zu beenden.

Geldwertstabilität und der Kampf gegen den Klimawandel
Der fortschreitende Klimawandel gehört zu den größten Herausforderungen der Menschheit. Es kann somit nicht überraschen, dass weltweit Notenbanken und Finanzaufsichtsbehörden den Kampf gegen den Klimawandel als neues wichtiges Ziel ihrer Politik betonen (z. B. Bolton et al. 2020; Bank of England 2015; European Central Bank 2022).

Notenbanken und Aufsichtsbehörden sind dabei auf zweifache Weise betroffen. Zum ersten bringt der Klimawandel erhebliche Risiken für die Finanzmarktstabilität und die Wirkung der Geldpolitik. Die mit den zunehmenden Extremwetterereignisse verbundenen Kosten können zu erheblichen Preisrisiken führen, auch wenn diese in der Regel regional und zeitlich beschränkt sein dürften. Die mit dem Verdrängen fossiler Brennstoff und der Transformation zu einer CO_2-neutralen Wirtschaft einhergehenden privaten und staatlichen Mehrausgaben können über steigende Produktionskosten und die erhöhte Güternachfrage inflationär wirken, die sogenannte Fossinflation. Zum Zweiten kann die Finanzmarktstabilität gefährdet sein, wenn im Transformationsprozess auf fossilen Energien basierende Geschäftsmodelle obsolet und die damit verbundenen Kreditrisiken schlagend werden. Notenbanken könnten in dem Maße direkt betroffen sein, wie sie im Rahmen von Ankaufprogrammen solche Anleihen halten bzw. Kredite als Sicherheiten akzeptieren. Die notwendigen Abschreibungen bei Banken könnten die Stabilität der Finanzmärkte gefährden, vor allem wenn diese Risiken sich nicht über die Zeit, sondern abrupt realisieren würden.

Derzeit prüfen viele Notenbanken und Bankaufsichtsbehörden, mit welchen konkreten Maßnahmen sie zum Kampf gegen den Klimawandel beitragen können. Entsprechend der beschriebenen Gefahren dürften Aufsichtsbehörden die Vergabe von Krediten an CO_2-intensive, sogenannte „braune" Branchen erschweren und an „grüne" Sektoren fördern, etwa durch differenzierte Eigenkapitalvorschriften. Entsprechend könnten Notenbanken bei der Hinterlegung von Sicherheiten Anleihen dieser Branchen unterschiedlich behandeln. In der Europäischen Union ist mit der sogenannten Taxonomie ein entsprechender rechtlicher Rahmen geschaffen worden. Im Bereich der Geldpolitik könnten Notenbanken ihre Anleihekaufprogramme anpassen.

Neben vielen technischen Fragen, die in diesem Zusammenhang noch zu klären sind, stellt sich die grundsätzliche Frage, inwieweit Notenbanken und Aufsichtsbehörden mit ihren Politiken überhaupt direkt zum Kampf gegen den Klimawandel beitragen können. Nach allgemeiner Einschätzung sind insbesondere Notenbanken keine zentralen Akteure (vgl. etwa Gros 2020). Gerade die Instrumente der Geldpolitik wurden für ganz andere Aufgaben geschaffen und werden in der Regel nur kurz- und mittelfristig eingesetzt. Speziell Ankaufprogramme sind jeweils zeitlich befristet und dem Prinzip der Marktneutralität verpflichtet. Um die hinter dem Klimawandel stehenden externen Effekte der Nutzung fossiler Energien zu korrigieren, sind entsprechende (Pigou-) Steuern und Emissionszertifikate besser geeignet.

Damit sehen viele Beobachter:innen die größte Gefahr einer am Kampf gegen den Klimawandel orientierten Geldpolitik darin, dass die Geldpolitik durch die Ausweitung des Mandats (noch) stärker „politisiert" und ihre Unabhängigkeit gefährdet wird. Die Unabhängigkeit, die einer Notenbank wie der EZB eingeräumt wird, lässt sich in einer Demokratie nur damit begründen, dass das Mandat klar definiert und eng begrenzt ist. Im Gegensatz dazu beinhalten Kompetenzen in der Klimapolitik weitreichende politische Entscheidungen mit dem Abwägen unterschiedlicher Ziele. Für solche Aufgaben ist die EZB – dieser Argumentation folgend – demokratisch nicht legitimiert. Solche Entscheidungen können nur im politischen Prozess getroffen werden.

Fazit

Die Stabilität des Geldwertes ist von überragender Bedeutung für eine funktionierende Marktwirtschaft. In der Europäischen Währungsunion soll die Europäische Zentralbank dieses zentrale Ziel der Wirtschaftspolitik sicherstellen, indem sie mit ihren geldpolitischen Instrumenten vorrangig die Güternachfrage steuert. Wie in anderen Bereichen der Wirtschaftspolitik gibt es auch in der Geldpolitik zahlreiche Zielkonflikte, vor allem wenn Inflation

durch Angebotsschocks, wie höhere Energiepreise, verursacht wird. Notenbanken werden deshalb in ihrer Politik der Geldwertstabilität insbesondere
mögliche negative Effekte auf Beschäftigung und Finanzmarktstabilität beach-
ten. In neuerer Zeit diskutieren Notenbanken auch, wie sie mit ihrer Politik
den Kampf gegen den Klimawandel unterstützen können.

Literatur

Barro, Robert. 1996. Inflation and growth. *Federal Reserve Bank of St. Louis Review* 78:1–65.
Bolton, Patrick, Morgan Despres, Luis Awazu Pereira da Silva, Frédéric Samara, und Romain
    Svartzman. The green swan, Central banking and financial stability in the age of climate
    change, Bank for International Settlements, January 2020.
Bank of England. 29. September 2015. Breaking the Tragedy of the Horizon – Climate
    Change and Financial Stability. Speech given by Mark Carney, Governor of the Bank of
    England, London.
European Central Bank. 2022. Climate change and the ECB. https://www.ecb.europa.eu/ecb/
    climate/html/index.en.html. Zugegriffen: 4. Aug. 2022.
Friedman, Milton. 1968. The role of monetary policy. *American Economic Review* 58:1–17.
Gros, Daniel. 18. Dezember 2020. Der gefährliche Charme einer „grünen" Notenbankstrate-
    gie, project syndicate.

Was kann gegen Inflation schützen?   6

> Inflation kann erhebliche wirtschaftliche Folgen haben, insbesondere
> wenn die Inflation unerwartet auftritt. Wie lässt sich die zukünftige
> Inflationsentwicklung prognostizieren? Und welche Option haben pri-
> vate Haushalte und Unternehmen, sich gegen die schädlichen Folgen
> der Inflation zu schützen?

6.1   Inflationsprognose

Um sich vor Inflation zu schützen wäre es ideal, die Inflationsentwicklung vor-
hersagen zu können und auf dieser Basis Finanzierungs- und Kaufentscheidungen
zu treffen. Das ist aber für normale Bürger:innen ein aussichtsloses Unterfangen.
Schließlich tun sich die Profis schon schwer damit, eine kommende Inflation zu
antizipieren. Auch die Notenbanken haben die derzeitige Inflationsentwicklung
nicht wirklich kommen sehen. Erst als die Inflationsraten schon ungewöhnlich
hoch waren, also deutlich über dem Inflationsziel von 2 %, wurden Stimmen laut,
dass die Inflation vielleicht doch nicht rasch wieder zum Zielwert zurückkehren
würde, sondern die Anpassung Zeit benötigen könnte.

Kurzum, es bleibt den Bürger:innen wenig anderes übrig, als der wirtschaftspolitischen Diskussion zu folgen, und die dort erstellten und kommunizierten
Prognosen ernst zu nehmen. Eine bessere Information gibt es nicht.

Eine erste wichtige Konsequenz aus dieser beschränkten Information ist allerdings, sich für verschiedene (Inflations-) Szenarien zu wappnen und nicht alles
auf eine Karte zu setzen.

Bei der Geldanlage bedeutet dies grundsätzlich, über die verschiedenen Anla-
geklassen und Einzeltitel hinweg zu streuen. Wenn es also zum Beispiel konkret

© Der/die Autor(en) 2023   51
H. Gischer et al., *Inflation in Deutschland und dem Euroraum – ein Überblick*, essentials,
https://doi.org/10.1007/978-3-658-40701-8_6

darum geht 50.000 € anzulegen, sollte man dies nicht komplett in einer 10-jährigen Bundesanleihe oder in VW-Aktien investieren. Jeder Titel unterliegt gewissen Risiken, darunter auch dem hier interessierenden Inflationsrisiko. Die Bundesanleihe verliert an Wert, wenn die Zinsen steigen. Die VW-Aktie verliert an Wert, entweder wenn alle Aktien fallen oder wenn alle Automobilaktien fallen (weil die Inflation weniger Autokäufe ermöglicht) oder wenn besondere Umstände das Geschäft von VW erschweren und deshalb nur die VW-Aktie fällt. In jedem Fall zählt (unerwartete) Inflation zu den Risikofaktoren, gegen die man sich bei Geldanlagen am einfachsten durch Streuung der Anlagen schützt. Im konkreten Fall könnte dies bedeuten, das Vermögen auf viele Aktien und verschiedene festverzinsliche Wertpapiere, vor allem mit unterschiedlicher Laufzeit, zu verteilen.

6.2   Absicherung gegen steigende Verbraucherpreise

Gegen steigende Verbraucherpreise lässt sich wenig ausrichten. Am einfachsten ist es noch, sofern möglich, Konsumausgaben für langlebige Konsumgüter zu verschieben, in der Hoffnung eines Tages wieder preiswerter einkaufen zu können. Aber wer weiß schon, wie hoch eines Tages die Preise und die Kaufkraft genau sein werden. Ansonsten lassen sich Preise vergleichen und Sonderangebote nutzen. Dies aber führt zu den typischen sogenannten „Suchkosten" von Inflation, einer Variante der Schuhsohlenkosten. Das muss dann jeder Haushalt entscheiden, inwieweit diese Suchen notwendig ist und den Aufwand rechtfertigt. Wegen der möglicherweise größeren Beträge und vielfältigeren Optionen lohnen sich häufig Gedanken zu Vermögensanlagen und Schulden.

6.3   Inflation beeinflusst Geldanlagen und Kredite

Während der Einfluss der Inflation auf Verbraucherausgaben ärgerlich ist, kann der Einfluss auf Vermögen existenziell sein. Deutschland hat damit im letzten Jahrhundert zweimal schlechte Erfahrungen gemacht. Zuerst wurden in der Inflation 1923 Geldvermögen praktisch komplett entwertet und nach dem zweiten Weltkrieg wurden Geldvermögen nur zu einem Wert von 10 % in die neue Währung, die D-Mark, umgetauscht.

Inflation entwertet nicht nur das Geldvermögen, sondern auch Schulden, also aufgenommene Kredite. Wenn zum Beispiel die Inflation 10 % in einem Jahr beträgt, dann ist der Kredit in Kaufkraft am Ende des Jahres nur noch 90 %

so hoch. Im Extremfall der völligen Geldentwertung wie in den frühen zwanziger Jahren des letzten Jahrhunderts haben sich die Schulden also vollkommen entwertet. Man kann drei idealtypische Fälle unterscheiden:

Nur Geldvermögen: Wenn jemand sein Vermögen zum Beispiel nur als Termingeld hält, dann ist dieses Vermögen nach einer Inflation deutlich weniger wert, im Grenzfall kann es auch einmal vollkommen verloren gehen.

Nur Sachvermögen: Wenn jemand zum Beispiel sein Vermögen nur als Immobilienvermögen hält, dann bleibt dieses Haus erhalten, gleichgültig wie hoch die Inflation ist.

Sachwerte auf Kredit gekauft: Wenn jemand zum Beispiel ein Haus nur auf Kredit gekauft hat, dann wird der Kredit entwertet und man besitzt am Ende eines Inflationsprozesses das Haus im Grenzfall ohne Schulden.

6.4 Rentabilität von Vermögensformen in Inflationszeiten

Tendenziell schützt also Sachvermögen besser gegen hohe Inflation als Geldvermögen. Dies gilt insbesondere bei extrem hoher Inflation, wie bei den oben erwähnten Beispielen. Es gilt auch in der Phase unerwartet hoher Inflation, weil sich bis dahin die Zinsen nicht angepasst haben. Sofern es allerdings wieder zu einer Stabilisierung kommt, wie in Deutschland in den 70er und frühen 80er Jahren, können auch Geldanlagen, bspw. in festverzinslichen Wertpapieren attraktiv sein, weil dann hohe Zinsen vielleicht über zehn Jahre ausgezahlt werden, obwohl die Inflation längst wieder zurückgegangen ist. Folglich ist der empirische Zusammenhang zwischen Inflationsphasen und den Renditen verschiedener Anlageformen nicht so einfach.

6.5 Absicherung gegen inflationsbedingte Vermögensverluste

Wegen der Komplexität der Zusammenhänge beschreiben wir im folgenden Wirkungszusammenhänge für vier Anlageformen, die häufig als Inflationsschutz angesehen werden: Immobilien, Aktien, Gold und indexierte Anleihen.

Immobilien

Wohn- oder Gewerbeimmobilien zählen zum Sachvermögen und bleiben auch bei inflationären Prozessen erhalten. Allerdings sind sie deshalb nicht unbedingt wertstabil. Immobilienpreise schwanken in Abhängigkeit von Angebot und Nachfrage, was sowohl für die gesamte Volkswirtschaft gilt, als auch für Regionen oder einzelne Objekte. In Deutschland sind die Immobilienpreise im letzten Jahrzehnt sehr stark gestiegen, insbesondere in Ballungsräumen. Bei höherer Inflation, steigenden Baupreisen und steigenden Zinsen ist der Nettoeffekt verschiedener Einflüsse nicht eindeutig. Setzt sich der Effekt steigender Zinsen durch, dann sinkt die Nachfrage und dies dämpft die Preisentwicklung. Dominiert dagegen die Baupreisentwicklung, dann wird weniger gebaut und die Preise steigen eher weiter. Es ist festzuhalten, dass Immobilien ein Vermögensgegenstand sind, der zwar physisch erhalten bleibt, dessen Wert aber schwanken wird und keinen perfekten Inflationsschutz bieten kann.

Aktien

Was für Immobilien gilt, trifft ähnlich auf Aktien zu. Im Grunde beteiligen sich die Aktionär:innen an einem Unternehmen, oder wenn man viele Aktien hält, an der „Wirtschaft". Tendenziell sind niedrige Inflationsraten für die wirtschaftliche Entwicklung unschädlich, sodass Unternehmen nicht darunter leiden, und Aktien dagegen gut absichern. Bei höheren Inflationsraten dagegen fällt es nicht allen Unternehmen leicht, höhere Kosten auch über höhere Preise am Markt durchzusetzen. Hinzu kommen dann eventuell gesamtwirtschaftlich störende Einflüsse hoher Inflation, also eine Abschwächung der realen Nachfrage. In der Summe bieten Aktienanlagen einen gewissen Inflationsschutz, aber eben mit Einschränkungen.

Gold

Eine „klassische" Anlagen zum Schutz vor Inflation ist Gold (oder andere Edelmetalle, Rohstoffe, u. ä.). Tatsächlich ist Gold physisch wertbeständig und langlebiger als Immobilien, die technisch veralten. Ansonsten gilt aber wieder, was auch auf andere Vermögensformen zutrifft: es gibt mehrere Einflussfaktoren für die Wertentwicklung und Inflation ist nur eine davon. Gold bietet insofern eine gewisse Absicherung, aber keinen wirklich direkten Schutz. Empirisch reagiert der Goldpreis stärker auf große Krisen als auf Inflation.

Indexierte Anleihen

Der Kauf von sogenannten inflationsindexierten Anleihen ist der direkteste Weg sich gegen Inflation abzusichern. Solche Inflationslinker, vom englischen „Inflation-Linked Bond" abgeleitet, werden in der Regel von Staaten ausgegeben. Sie wurden dafür geschaffen, Anleger:innen einen Inflationsausgleich zu bieten. Dazu werden die Tilgungs- und die jährlichen Zinszahlungen an einen Verbraucherpreisindex gekoppelt, und die Investor:innen sind so bei Inflation vor dem Kaufkraftverlust des angelegten Geldes geschützt. Anders als bei konventionellen Anleihen stehen also die jährlichen Zinszahlungen und die Tilgung anfangs nicht fest, sondern werden entsprechend der Inflation angepasst. „Bezahlt" wird für diesen Schutz der Kaufkraft in Form eines niedrigeren Zinskupons als bei vergleichbaren konventionellen Anleihen. Kaufen sollten solche inflationsindexierten Anleihen aber nur erfahrene Anleger:innen, handelt es sich dabei doch um ein komplexes Finanzprodukt. Der Anlageerfolg hängt nicht von den augenblicklichen Inflationsraten ab, sondern von den Erwartungen zukünftiger Inflationsraten und wie sich diese mit der Zeit verändern. Auch andere Faktoren, wie die allgemeine Entwicklung des Renditeniveaus am Anleihemarkt, spielen eine wichtige Rolle.

Weiterführende Literatur

Deutsche Bundesbank. 2022. Inflationserwartungen. https://www.bundesbank.de/de/bundes bank/forschung/erwartungsstudie/inflationserwartungen-849084.
European Central Bank. 2022. Survey of professional forecasters. https://www.ecb.europa. eu/stats/ecb_surveys/survey_of_professional_forecasters/html/index.en.html.
Europäische Zentralbank. 2013. Monatsbericht Juli 2013. https://www.ecb.europa.eu/pub/ pdf/other/mb201307_focus05.en.pdf.

Was Sie aus diesem *essential* mitnehmen können

- Ein Verständnis davon, was Inflation ist und im Markt bedeutet
- Das Wissen über Instrumente, um Inflation zu messen und sie zu bekämpfen
- Eine Einschätzung der gegenwärtigen Situation der Inflation in Deutschland

© Der/die Herausgeber bzw. der/die Autor(en) 2023   57
H. Gischer et al., *Inflation in Deutschland und dem Euroraum – ein Überblick*, essentials,
https://doi.org/10.1007/978-3-658-40701-8

Printed in the United States
by Baker & Taylor Publisher Services